2018广西财经学院博士科研启动基金"基于SAAS
效游戏系统构建与应用实践研究"（K9-9999-15-00-0
著由广西财经学院管理科学与工程学科建设经费资助。

——如何从校园学生转变为职场角色？
——如何从职场菜鸟蜕变为职场精英？
——如何步步为营成为职场中流砥柱？

职场管理学
——大学生职场成长训练

狄振鹏 著

沈阳出版发行集团
沈阳出版社

图书在版编目（CIP）数据

职场管理学：大学生职场成长训练 / 狄振鹏著. -- 沈阳：沈阳出版社，2020.8
ISBN 978-7-5716-1328-0

Ⅰ.①职… Ⅱ.①狄… Ⅲ.①大学生 – 职业选择 Ⅳ.①G647.38

中国版本图书馆CIP数据核字(2020)第161748号

出版发行：沈阳出版发行集团 ｜ 沈阳出版社
（地址：沈阳市沈河区南翰林路 10 号　邮编：110011）
网　　址：http://www.sycbs.com
印　　刷：定州启航印刷有限公司
幅面尺寸：170mm×240mm
印　　张：11.75
字　　数：245 千字
出版时间：2020 年 8 月第 1 版
印刷时间：2020 年 8 月第 1 次印刷
责任编辑：周　阳
封面设计：优盛文化
版式设计：优盛文化
责任校对：李　赫
责任监印：杨　旭

书　　号：ISBN 978-7-5716-1328-0
定　　价：48.00 元

联系电话：024-24112447
E – mail：sy24112447@163.com

本书若有印装质量问题，影响阅读，请与出版社联系调换。

前　言

　　大学生毕业之后走向工作岗位，需要从校园的学生角色迅速向职场人角色转变，然后经过3～5年的职场锻炼，逐步成长为职场精英和团队管理者。职场生存的游戏规则与学校规则显然不同，大学里学习的知识、技能以及各种考证的证书等还不足以支撑未来职场的发展和成功。大学生毕业后只能靠自己摸着石头过河，在不断犯错和纠错中自学成才、慢慢提升，一切都靠自己"悟"。

　　显然，在目前高等教育的课程体系设计中缺少了重要的一个环节，那就是职业化软技能的培养，即职业化素养、职业化心态和职业化技能及自我管理能力的实战训练。本书即针对以上问题，弥补上大学生综合素养培养的主要环节，在大学阶段就为大学生提供必要的职场认知的理论知识和技能训练，提供校园内提前预备的解决方案，即提前学习好游泳技能和航海技能，并准备好船帆工具，接下来就是在大海里乘风破浪、傲立潮头！

　　本书以在大学里开设的公共选修课《职场成长训练》的授课讲义内容为基础而整理成书，属于原创之作。作者在广西财经学院担任教职，在教务部门和各级领导的支持、帮助下，开设了《职场成长训练》公共选修课，没想到受到了学生的热烈欢迎，在团委和学生就业管理等众多老师的支持下，开设了多次专题讲座，所开设讲座学生自愿报名者也常常会达到300人左右，每场都反响热烈，学生掌声雷动，成为高校讲座里最受欢迎之一。作者作为一名教育工作者，能够帮助学生成长，并得到他们的认可和欢迎，这就是教育最大的价值所在，也体现了教育之本，为此，常常感到很欣慰。

　　本书的重点和核心内容：职场的江湖规则（显规则和潜规则）是怎样的？如何处理与领导和同事之间的人际关系？面对工作和困难应该树立什么样的心态？如何加强自我管理，做到诚以修身？如何勤奋严谨、执行到位、达成绩效目标，做到信以立业？

　　本书内容的逻辑结构：依据职场人所需要的能力素质模型，从自我管理、职业素养和工作管理三个维度，培养职场人的影响力、专业力和执行力。全书结构共分为三大单元，细分为十二章内容：第一单元，职场精英的自我管理——影响力；第二单元，职场精英的职业素养——专业力；第三单元，团队主管的工作管理——执行力。第一单元职场精英的自我管理——影响力，具体细分为四章：第一章，职场人职业生涯规划；第二章，职场人正确心智修炼；第三章，职场人自我角色认知；第四章，时间与效能的管理。第二单元职场精英的职业素养——专业力，具体细分为四章：第五章，思维误区与垂直思维；第六章，创新思维与六顶思考帽；第七章，色彩性格学与性格解析；第八章，公众演讲与表达的技巧。第三单元团队主管的工作管理——执行力，具体细分为四章：第九章，目标设定与计划管理；第十章，高效沟通的技巧；第十一章，职场常用的管理工具；第十二章，问题分析与解决技巧。

本书以及配套课程、专题讲座适用于大学生就业准备的应知应会训练，也适合于企事业单位的新员工入职培训的职业素养培训教材。本书给即将走出校园的大学生和初入职场的小白们传授职场发展的普遍规律，帮助大学毕业生从一个职场菜鸟，迅速成长为职场精英，成为团队领头羊和公司的中流砥柱，晋升到高层管理者的职位。

本书希望能够给在校大学生和职场新手们以专业的帮助、指导和训练，提前预备好最基础的职场素养和管理技能，适应未来职场的潜规则和显规则，提升自己的执行力、影响力和专业素养，为即将迈向职场的职业生涯和晋升发展预热、加油、充电、助跑。

由于本书内容和课程在普通高校开设还属于创新探索阶段，国内高教领域的类似参考文献资料比较稀少，高职院校有一部分教材，但因高校教师大多自身缺少企业职场的实践经验，教学授课和编撰教材的质量参差不齐。同时，由于笔者教学经验和专业学识的不足，本书一定存在着诸多瑕疵，希望得到高校同行、企业实务界和青年读者的批评指正，有利于再版时修订，也欢迎大家与笔者进行分享交流，笔者也愿意给初入职场的小白们答疑解惑，共同成长。

祝福各位即将离开校园的学子们，前途似锦、事业成功，共赴美好前程！

狄振鹏

2019 年 11 月 18 日

于南宁广西财经学院相思湖校区

目 录

第一单元 职场精英的自我管理——影响力

第一章 职场人职业生涯规划 ·· 3
  第一节 职业生涯规划模式 ·· 3
  第二节 职涯规划的霍兰德理论 ·· 4
  第三节 美好人生和潜在智能 ·· 6
  第四节 人生管理的模块和步骤 ·· 7

第二章 职场人正确的心智修炼 ·· 9
  第一节 职场人成功要素 ·· 9
  第二节 积极信念改变法 ··· 14
  第三节 情商提高与修身 ··· 18
  第四节 优秀职场人的特征 ··· 21

第三章 职场人自我角色认知 ··· 26
  第一节 职场人的角色定位 ··· 26
  第二节 职场人的自身角色 ··· 30
  第三节 上下级之间的相互协作 ··· 36
  第四节 职场生存的十大潜规则 ··· 38

第四章 时间与效能的管理 ··· 42
  第一节 时间价值与损耗杀手 ··· 42

第二节	时间管理的发展阶段	49
第三节	提高个人成效	54
第四节	时间管理的十八法	59

第二单元　职场精英的职业素养——专业力

第五章　思维误区与垂直思维 …………………………………………… 69
第一节　职场人常见思维误区 …………………………………………… 69
第二节　传统思维与教育误区 …………………………………………… 73
第三节　垂直思维 ………………………………………………………… 75
第四节　思维导图工具与运用 …………………………………………… 76

第六章　创新思维与六顶思考帽 ………………………………………… 78
第一节　水平思考法 ……………………………………………………… 78
第二节　六顶思考帽思维法 ……………………………………………… 80
第三节　六顶思考帽思维法的应用 ……………………………………… 81

第七章　色彩性格学与性格解析 ………………………………………… 83
第一节　色彩性格学 ……………………………………………………… 83
第二节　人尽其才与因人而异 …………………………………………… 84
第三节　如何管理不同性格的下属 ……………………………………… 85

第八章　公众演讲与表达的技巧 ………………………………………… 87
第一节　演讲和沟通的影响力 …………………………………………… 87
第二节　讲台压力和演讲恐惧症 ………………………………………… 88
第三节　缓解讲台压力的自我管理法 …………………………………… 91
第四节　演讲的技巧和方法 ……………………………………………… 95

第三单元　团队主管的工作管理——执行力

第九章　目标设定与计划管理 ……………………………………… 99
  第一节　目标与目标管理 …………………………………………… 99
  第二节　怎样设定好目标 …………………………………………… 103
  第三节　目标卡与工作计划 ………………………………………… 106
  第四节　制订月度和周工作计划 …………………………………… 108

第十章　高效沟通的技巧 …………………………………………… 113
  第一节　沟通的内涵与模型 ………………………………………… 113
  第二节　沟通的基本原理与理论 …………………………………… 115
  第三节　沟通的障碍与应对 ………………………………………… 122
  第四节　沟通心理与情绪调整 ……………………………………… 126
  第五节　组织中的沟通技巧 ………………………………………… 130

第十一章　职场常用的管理工具 …………………………………… 137
  第一节　SWOT 和 5W1H 技巧 …………………………………… 137
  第二节　头脑风暴会 ………………………………………………… 139
  第三节　柏拉图 ……………………………………………………… 143
  第四节　鱼刺图（因果图）………………………………………… 146
  第五节　甘特图 ……………………………………………………… 151
  第六节　决策优选方法 ……………………………………………… 157

第十二章　问题分析与解决技巧 …………………………………… 162
  第一节　解决问题的常见误区 ……………………………………… 163
  第二节　确认和描述问题 …………………………………………… 165

III

第三节　分析问题的原因 …………………………………………… 167

第四节　解决问题的流程与步骤 …………………………………… 172

职场的最大谎言："公司就是你的家！" …………………………………… 176

参考文献 ……………………………………………………………………… 177

第一单元

职场精英的自我管理——影响力

第一章　职场人职业生涯规划

第一节　职业生涯规划模式

一、职业生涯规划的内涵

世界上所有的成功都是被设计出来的。专家说：选择比努力更重要，勤奋努力只有在正确的方向上才会有好的预期成果。每个职场人都需要先瞄准好未来的发展目标，做好职业生涯规划，然后勤奋努力，一步一步迈上成功之路。

每个人的人生结果和成就会有很大的差异和不同，哪怕原来的基础和条件差不多，后来的努力和付出也相似，最后的结果也会有很大的差异。曾经被看好的人才，为什么最后会非常平庸或走向失败？一共有四大原因：一是没有目标，随波逐流；二是目标太大，挫伤锐气；三是目标太小，潜能浪费；四是背离时代，方向错误。所以，人们应该认真做好职业生涯规划。

每个人都要学会掌握自己的命运，在这个世界上唯一能够真正控制你的是你自己，不是其他人，不是老板或父母。如果你不掌握命运，就会有人来替你掌握，你就可能会被命运掌控，你的老板、朋友甚至下属或者客户就会来控制你的命运。如果我们是航行的水手，虽然我们无法控制方向，但是我们可以控制和调整船帆的角度，不管海上刮什么样的风，我们都可以调节船帆，都可能借到一定的力量朝着我们既定的方向前进。

二、职业生涯规划的休普模式

职业生涯规划发展里面有一个理论叫休普模式。休普模式即分阶段角色定位，在不同的年龄段，人们的角色定位是不一样的。休普认为，人生可以分为四个阶段：

① 30 岁之前是探索阶段，主要角色是学徒；② 30 岁到 45 岁是立业阶段，主要角色是同事，所谓三十而立；③ 45 岁～60 岁是维持阶段，主要角色是导师；④ 60 岁之后是离职退休阶段，角色就是元老。

在 30 岁之前，你就是个学徒工，所以不要跟公司、跟老板提出很多的要求，因为你还是个菜鸟，公司在花成本培养你。我跟很多年轻人说，在 30 岁之前不要跟公司谈价钱、谈薪水，为什么呢？因为你还没有资格、还没有足够的砝码和分量去跟公司讨价还价。公司老板把你放到一定管理职位上，在你 30 岁之前就放手让你做主管、做领导干部，这属于小鬼当家啊！这是对你的重视，给一个平台、给一个机会让你锻炼、成长、学习，不断积累经验，将来能够为企业做出一定的贡献，因为你还是一名学徒。当然，在 30 岁之后你是不是开始崭露头角啦。30 岁～45 岁（最多到 50 岁）是人生最重要的成长黄金阶段，年富力强，精力最充沛，经验最丰富。人在 30～50 岁的这 20 年是人生最重要的职业发展阶段，你能不能迅速成长、取得一定的人生成就？这个时候你要成为骨干员工，是最有战斗力的主力军。到四五十岁的时候，你就要开始成为导师，对年轻一辈、后生们要开始"传帮带"。成为专家导师的你，必须能够在某些方面，如某一个专业、领域或技术方面，成为行家里手，才能发挥导师的培训和传承的作用。当然 60 岁之后，我们就可以退休了，继续发挥余热。这是按照不同的年龄段有不同的角色定位，叫职业生涯规划的休普模式。

三、一万小时定律

要成为行业的专家，有一万小时法则和聚焦法则。一万小时法则就是需要叠加一万小时的训练和经验，才有可能成为行业专家。聚焦法则就是在一英寸的地方深挖一英里，也叫针尖法则。要学会聚焦，集中优势兵力实施各个击破，形成一定的行业权威。

第二节　职涯规划的霍兰德理论

职业生涯规划里面比较重要的一个理论叫霍兰德职业类型理论。霍兰德把人的职业类型分为六大类，分别是现实型、艺术型、调查型、社会型、企业型和事务型（图 1-1）。

第一章 职场人职业生涯规划

职业选择的协调与匹配

图1-1 霍兰德职业类型理论

一、霍兰德理论的职业类型

（1）现实型，就是手艺人和工匠，靠劳动技能为生、有技术含量的职业，所以无论是理发师、裁缝、厨师还是维修工程师等，这些都属于现实型。

（2）调查型，即调查研究和分析，如科研工作者、科学家、调查研究人员、侦探、律师，这些职业都属于调查型。

（3）艺术型，就是艺术家，唱歌、跳舞、美术、书法、话剧、小说、导演、演员、作曲等这一类艺术家。

（4）社会型，就是有一定的社会影响力、社会关系和人脉的人，如商人（稍大一点规模）、中小业主、小企业家、教师、演讲者和社会活动家等。

（5）企业型，也叫政客、政治家型。例如大企业家像李嘉诚、比尔·盖茨、马云；有重大影响力和权威的政治家，叫政客型，例如普京、罗斯福、丘吉尔，等等。

（6）最后一种叫事务型，就是服从、执行、协助和配合等。如办事人员、秘书、助理人员，就像西游记里的猪八戒和沙僧，类似这样打下手的后勤工作就叫事务型。

二、禀赋个性与职业类型是否匹配

每一个人的职业都有天生的特性（禀赋），但是每一个人的职业特性和禀赋与目前所从事的职业类型是不是相匹配呢？就是工作类型和你本身的特质类型是不是吻合匹配？如果可以吻合匹配，就很棒，你会发自内心地喜欢工作，就会很痴迷地投入工作，忘我地工作，你的水平也会越来越高，很快成为专家。而且你还不是冲着钱去的，因为你喜欢工作，工作时能够带来很多乐趣，工作过程也很快乐，这就是职业生涯规划的最好境界，也是理想状况。

例如，赵本山出道成名之前是铁岭市地道的乡村农民，有承包责任田的农民。农民的种田工作属于什么型？现实型。可是赵本山后来成名了，是全国的春晚笑星，就成了艺术型。他还搞了本山传媒集团，还买了私人飞机，这个就是企业型了。所以，你发现赵本山是艺术型、社会型和企业型，但实际上当初他是农民，是现实型。

所以，职业规划并不是一定需要专业对口，而是你的个性、特质要与职业类型相匹配、吻合。能够匹配、基本吻合的，就是一个有幸福感的快乐职业，未来也很有可能会出成就，因为你喜欢又擅长。我们在选择职业或者在培养下属的时候都要注意到这一点。

第三节 美好人生和潜在智能

一、美好人生的十项指标

有人总结过美好的人生有十项要素，一是精神，二是修养，三是健康，四是才学，五是爱情，六是家庭，七是朋友，八是社会，九是事业，十是财富。这十种要素如果都有了就叫十全十美，就是美满幸福的人生。

你想要追求十全十美吗？想要完美和美满的幸福吗？我们建议追求"美好"的人生，最好不要"美满"的人生。因为古人说"满招损"，太满了以后可能就会带来一些灾难和大麻烦。如果在这十个因素里面能满足五个以上的因素，你的人生就是很美好的，也是很幸福的。

二、人生潜在的八大智能

心理学家的研究表明，每一个小孩一出生，至少会有八大智能中的某一些特殊智能是可以加以重点培养的，每一个智能都对应着某一类名家。

（1）数理逻辑——数学家。

（2）语言表达——文学家、演说家。

（3）空间想象——天文学家、建筑学家。

（4）音乐韵律——音乐家、舞蹈家。

（5）色彩美感——美术家、设计师。

（6）肌体协调——运动家、武术家。

（7）人际关系——企业家、社交家。

（8）自省深究——哲学家、宗教研究者。

八大智能每一个智能加以培养，都可能是取得成功、成名成家的。所以，我们去看看，我们的小孩未来有可能会成什么名、成什么家呢？

第四节 人生管理的模块和步骤

一、人生管理的四个模块

人生的职业生涯规划和职业管理其实就是人生管理，应该包含四个模块。

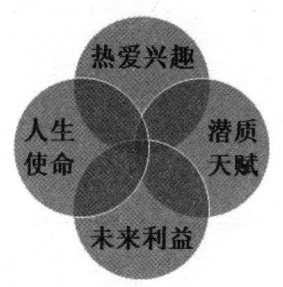

图 1-2 人生与职业管理

第一，热爱兴趣。要做你热爱的工作，有兴趣、有热情的事情，做这件事情自己喜欢、有热情、感兴趣、很痴迷，能够带来快乐。总之，很热爱、有激情。

第二，潜质天赋。做你有潜质、有禀赋、有能力、擅长的事情，自己喜欢做，而且擅长做，具有这方面的特质和天赋。有时候，天才是挡不住的。

第三，未来利益。符合未来发展的大趋势，做将来会有大利益的事情，现在不赚钱、少赚钱没有太大关系，将来有可能会赚钱或者有回报就可以。也不一定完全只是金钱或利益回报，也有可能是名望、地位和荣誉，如为社会做贡献、有社会价值或者经济价值等。

第四，人生使命。做这些事情，是不是符合你的人生使命和人生梦想？你确定有人生使命和梦想吗？大多数人可能并没有人生使命，只要能赚钱就好。

如果达到这四个模块的相互契合，那么你就获得了人生大圆满、大成就了。

二、人生成功的四个步骤

职场人迈向人生的成功有四步曲：

第一，要清晰目标。

第二，要形成积累。

第三，要局部优势。

第四，能够临界突破。

古人云："凡事预则立，不预则废。"人生和职业管理也是这样，主宰你一生和命运的只有你自己。如果人生不做规划，将来发展的结果会是什么样呢？

表1-1 人生规划管理表

人生使命 活着的意义	
核心信念 座右铭	
五年后目标 二十年目标	
行动计划 与步骤	

承诺人：　　　　　　　　　　　　　　　　日期：

课后作业：按照人生规划管理表分别来填写一下，人生的使命是什么？活着的意义是什么？核心的信念和座右铭是什么？五年、二十年的目标分别是什么？你的具体行动计划与步骤是什么？

第二章　职场人正确的心智修炼

第一节　职场人成功要素

心理学家研究发现，人的行为是受信念和价值观影响和决定的，其三观（人生观、世界观、价值观）是否正确，几乎决定了其未来的发展和成就。职场人必须树立正确的三观，才能推动组织的发展和战略目标的实现。职场人心智修炼的内容就是为了解决这一问题。首先，我们来研究一下影响职场人成功的主要因素有哪些。

一、信念决定成功

掌握了职场人的成功要素，也就找到了职场人走向成功的路径。曾经有一个口号是这么说的：观念决定心态，心态决定行为，行为决定习惯，习惯决定未来。其主要的含义就是，一个人未来有什么样的命运、发展和成就，最重要的根本原因是他的观念，有什么样的观念，就会有什么样的人生。假如领导批评下属说，这是你的心态有问题，就需要做心理建设。其实，心态的根源就是你的信念、价值观和观念。当然，如果把某种信念进行系统化、理论化、文字化，它就形成了一个信仰，如果把这个信仰进行仪式化、庄严化、场所化，它就演变成一个宗教。可见，宗教信仰其实是观念和信念发展及演变后的高级体现形式。

一个人有什么样的信念、观念，就会决定其会有什么样的心理态度，也会影响到其行为，日积月累就会慢慢地养成习惯，养成什么样的习惯，就会影响到其未来。例如，一个小孩慢慢长大，养成了很好的学习、阅读、思考和研修的好习惯，因为家长在他小时候就给他灌输一个概念：学习、思考和教育是很重要的，要养成良好的终生研修的好习惯。如果一个家庭有很好的读书学习氛围，家长有很好的读书学习的好习惯，就能培养孩子的学习的习惯，这才是所谓的书香门第。多数的"不良"家长在客厅里打麻将、追剧、玩手机、打游戏等，却呵斥着孩子要认真学习、好好写作业。榜样的力量是无穷的，孩子们通常有样学样，模仿着家长的榜样示范继续前进。可见，学习型家长的观念、行为、习惯和示范榜样会慢慢地培养孩子的学习观念，使孩子形成学习阅读能够带来快乐的情绪感觉和心理态度，孩子们主动学习、认真学习，养成持续学习、终生研修的好习惯，最后能够取得事业上的成功，成为专业人士。

二、成功的冰山模型

影响现代职业人的成功要素有一个理论叫成功的冰山模型，即影响一个人的成功因素类似海里的冰山。在海平面上面，能够看到的是人们的知识、理论、技能和才干。一个人的学历、知识可以看得到的证书，有什么样的技能达标也有证书，但是海平面下面的因素可能就看不到了。例如，一个人的内在能力和才干，其态度、情绪、个性就相对比较隐蔽，但通过相处和观察还可以逐步了解和认知，而一个人的人格、想法、信念、信仰等心智、精神方面的因素就隐藏得更深，完全看不见，很难用肉眼或简单观察就可以了解。

请思考，人的"技能"就等于"能力"吗？不一定。人经过学习练习以后就能够掌握的是"技能"，经过长时间练习后固化的技能才是"能力"。一项技能在初步掌握后，短时间内操作貌似还会，隔了较长时间没有练习就会逐步丧失，甚至会演变、退化成新手。如果一项技能经过1万小时的反复训练以后，被慢慢地固化，固化在身体上，融化在血液里，常常会条件反射、下意识地不经意间就能够做出这样的反应和行动，这就叫技能转化为能力。很多学车拿驾照以后没有开车的"本本族"就是这样的原因，学会开车后3年没有碰车，后来就完全不会开车了，这种学会的开车叫"技能"。老司机就不同了，如果他开车连续累计有了1万小时，假设时速是每小时100千米，1万小时就是100万千米里程的驾驶经验，隔了两年没开车，给他一辆车，他一样能立即开走，这个开车叫"能力"。我们小时候说的母语、家乡话叫能力，但一般中国人学英语，如果缺少语言环境，学了若干年，5年、10年没有应用、没有碰英语，后来就可能全部忘记了，这个叫"技能"。把技能转化为能力需要累积1万小时，管理学称之为"1万小时定律"，就是在某一项技能上进行反复操练、反复演练，叠加累积1万小时以上，才有可能成为行业内的专家，任何行业的任何专家都是这样一步一步累积起来的，所谓"不积跬步，无以至千里"。

三、态度决定一切

影响一个人成功的要素是态度，因为态度决定一切。你是积极的态度，还是消极的态度？你碰到问题的时候是归因于内，还是归因于外？找自己的原因，还是找别人的原因？

有不少职场人常常认为这样不可能、那样达不到，其实一切皆有可能。不是不可能，只是暂时还没有找到成功、正确、适合的方法。成功一定有方法，千万别说不可能。爱因斯坦说："在每一个不幸中蕴含着同等量幸运的种子。"

成功 = 意愿 × 方法 × 行动。在这个成功公式里面，会发现有三大要素：意愿、方法和行动。成功就等于意愿乘以方法乘以行动。大家认为，在这三个要素里面，哪个最重要？很显然，意愿排在第一位。一个人如果有了足够的意愿，没有方法，可以去学，可以去找专家内行讨教，可以去探寻和研究。有了足够的意愿，就可以马上行动，说干就干。可见，成功的第一要素是意愿，有了百分百的意愿，才有可能催生百分百的方法和百分百的行动。这样，你就离成功越来越近了，相信你一定会有一个更加美好的未来。

四、成功的心理规律

职场人进行心智修炼，专家总结了成功的心理规律七大条：

（1）成功是因为态度。
（2）我是我认为的我。
（3）我是一切的根源。
（4）决心决定成功。
（5）不是不可能。
（6）每天进步一点点。
（7）山不过来，我就过去。

第一句：成功是因为态度。积极的、乐观的、向上的、正面的观念，心理态度和情绪会更容易引导人的思维走向正面思维，采取行动，迈向成功。

第二句：我是我认为的我。成功者常常需要进行正面积极的自我暗示、自我期望和自我激励。首先需要设想好我的未来是什么样的，最好能够写下来或画下来，时刻提醒自己、激励自己。我的未来就是现在的我设想我未来会成为什么样子，我就有可能会成为什么样子，即我是我认为的我。我先设想 5 年、10 年、20 年之后的我是什么样子，例如，我的生活品质、家庭生活、社会地位、名誉和声望以及我对社会的贡献等，用文字记录描述、具体量化，或者画一张具体的梦想图，贴在墙上，每天不断地自我暗示，再行动奋斗、百折不挠，过了20年以后，果然，你就会慢慢地成为原来设想的那样。我就是当初我所设想、认为的我。

第三句：我是一切的根源。在我的工作和生活中发生了差错和问题，问题和过错的责任是谁的？谁才是问题的根源？是我。出现了问题，出现了纰漏，是谁有错？我有错。谁的责任？首先要检讨自己的责任。或许客观上会有部分原因，别人也有部分责任和问题，可是别人的问题不是需要自己来检讨的，自己首先要重点检讨好自己的问题和自己的原因，别人的问题可以由别人来检讨。在企业里，同事之间、部门之间常常会出现推卸责任、归罪于外、相互扯皮的现象，出现了问题总是习惯性地找别人的原因，很容易形成找借口、找理由的不良习惯，所以要学会归因于内、自我检讨，出现问题了，自己是一切的根源。

第四句：决心决定成功。为了追求人生成功的目标，需要给自己下一个重要的决定，要下一个最大的决心，才能够走向成功。决心就是庄重承诺，不达目标就要自我惩罚，决心就是没有任何退路、勇往直前、全力以赴，下决心、给承诺，才有可能逐步迈向成功。所以，不是不成功，关键是你愿意付出多大的代价，付出多少勤奋、努力和行动。任何代价都不愿意付出、消极懈怠，或者只肯付出一般的努力、浅尝辄止，却口口声声说"我要得到什么"，要取得一定的成就和成功，那是痴人说梦，几乎是不可能的。

第五句：不是不可能。事物永远是在发展和变化的，一切皆有可能，不要用负面的情绪、负面的暗示去阻挡自己，给自己设立障碍和局限，给自己设立一个透明的玻璃墙：看得到，过不去。不是不可能，没有什么不可能，一切皆有可能，只要你努力。古人云："世上无难事，只怕有心人。"另外，不是不可能的另一层含义是，当我们在分析和解决问题的时候，原因、解决方案和结果都存在着一切的可能性，把不同的所有的可能性都尽量考虑到，提前做好预案。解决问题也应该有三个以上的解决方案，不能局限于一个标准答案，这就是不是不可能。

第六句：每天进步一点点。每天学习、成长、研修、进步，坚持不懈、日积月累。"不积跬步，无以至千里。""千里之行，始于足下。"哪怕每天坚持写500字、1 000字的文章，一年累计下来也有几十万字；如果每天能够坚持看书，阅读学习5页、10页纸，积累3年下来也是不得了的，可以成为该领域的行家里手。这正是坚持不懈、滴水穿石，从量变到质变的成功。

第七句：山不过来，我就过去。山是死的，人是活的。假设重重大山是困难和障碍，阻碍了我们去探索外面的世界，我们要敢于面对、迎接挑战，山不能动，不会自己过来，我们就主动地想办法越过去。大丈夫能屈能伸，在碰到很多实际困难和问题时，要考虑得很周全，要学会换位思考，要看到哪些是可控的和不可控的，哪些是我们能掌握和不能掌握的，能不能变换一下以前老的策略和方法。就好像愚公移山，大山挡住了愚公家的去路，除了愚公不断挖山，"子子孙孙无穷匮也"，是不是可以有其他更多的办法？例如，可以绕过去或者打个隧道。有人还建议说，可以把那座荒山包下来，植树造林、绿化荒山，再搞个农家乐休闲项目，说不定可以成为旅游景点和度假山庄，于是，原来的"愚公"有可能会变成"富翁"。

五、三级光明思维

职场人解决问题可以有很多的方法，需要有正确的思维方式。碰到管理问题需要解决，日常管理工作中应该怎么做呢？采用什么样的思维方式？建议采用三级光明思维。不要采用黑暗的思维，要采用光明的思维。

具体是哪三级光明思维？第一级光明思维：辩证法，任何事物都有正反两面，任何事物都可以一分为二。第二级光明思维：相互转换，反面有可能会向好的正面扭转，好的会变成坏的，坏的也有可能会变成好的。第三级光明思维：平常心，无论好坏都能激励我前进。

中国传统文化里有阴阳八卦，阴阳鱼就是一分为二，一个是黑的，一个是白的，一为阴，一为阳，阴中间有个白点，阳中间有个黑点，而且中间分界的是曲线。阴极则阳，阳极则阴。这个阴阳八卦说明了三个道理：第一，世上的事物一分为二，由阴和阳组成；第二，阴和阳之间可以相互转换；第三，阴不可以取代阳，阳也不能取代阴，阴和阳共生共存。阴和阳就好像是这个世界的白天和黑夜，轮流轮转，也好像这个世界的男人和女人，他们相互依存、共生共存，这里面就包含了三级光明思维。

任何事物都可以为分为阴阳或正反两个方面，好的可能会变坏，坏的有可能会变好，无论是好还是坏，都能够激励我，不管当下是顺境还是逆境，我都将一往无前、义无反顾。顺境与逆境对人的考验是不同的，顺境比逆境更加能够考验成功者的综合素质，考验其能不能戒骄戒躁，保持谦虚谨慎的姿态。但是很多成功者往往是英雄难过美人关，终于革命胜利了，可以休息享福了，享受了成功的喜悦，享受了荣华富贵，人就开始春风得意、飘飘然，继而自我松懈、自我放松，自满懈怠，开始坠入温柔乡而不可自拔。所以，成功人士往往在创业时期、艰苦奋斗的时候都比较容易能够咬牙挺过去，最难能可贵的是成功了以后，享受了成功的喜悦和荣华富贵的时候，你还一样能咬牙挺过去吗？还能保持清醒的头脑和艰苦朴素的作风吗？恐怕很难，凤毛麟角。

职场人要想迈向成功的人生，需要建立五个正确的心态：积极的心态、感恩的心态、平常的心态、服务的心态和创新的心态。拥有了这五个心态，你就能够有比较正确的行为，也就能够有一个比较好的正确结果。那么，我们应该如何建立积极的心态呢？需要建立哪些正确的好心态呢？

第二节　积极信念改变法

职场人应该如何建立正确积极的信念？需要掌握积极信念改变法。职场人能够把负面消极的信念转变为正确积极的信念，这是一门学问，有专业的技术和方法。在心理学的神经语言程式学（NLP）里面就可以学习到积极信念改变最经典的四个方法。

一、脱困法

什么叫脱困法？人们常常自我否定，做负面的自我暗示，职场人就需要从这个自我负面暗示的困境里突围出来，称之为脱困法。大多数人总是习惯性地给自己很多负面暗示：我不能……这个方面我不行的，那个方面我学不会的，我从小就……比如，我是学不会游泳的、我是很恐高的、我是学不会英文口语、不会说英语的、我从小记忆力就不行、我从小口才就很差，不擅长演讲……这些都属于自我的负面暗示。我们需要把自我的负面暗示转变为正面暗示，把夹在我们身上的枷锁砸掉、挣脱掉，关键点就是把目前的困难和障碍问题转变成"暂时"目前的状况。我现在"暂时"还不会游泳，如果我能够参加一期游泳培训班（或者找到一个专业的游泳教练），我就能学会游泳。我现在的英语口语"暂时"还不行，但如果我能够报名参加一期李阳疯狂英语班，我就能学会流利地说英语。

脱困法转变技术的模式套路就是，我暂时还不能……假如给我什么样的机会和条件，我就能变得好起来，就能学会……所以，把过去负面的自我暗示转变成具备一定的条件就可以解决这个问题。

二、破框法

破框法针对的是有很多人的思想会自我设限，进入一个自困模式，总是给自己的思想和观念设很多的条条框框和错误的假设。比如说我们认为对方就应该如此、托付心态，等等。

（一）应该如此

第一类误区认为，别人就应该如此。老板认为：我给员工付薪水，员工就应该努力工作。员工认为：老板就付我这么多薪水，我就应该这样工作，拿多少钱干多少活呗。普遍存在的错误观念：我对别人好，别人就必须、应该对我好；我给你投资，你就应该能够赚到钱，达到我的目标；父母花重金给孩子做教育投资，孩子就应该认真学习，学习成绩应该一级棒；我如此深深地爱着他，他就应该也要同样地爱着我，应该心无杂念、绝对忠诚；我借钱给他，他既然承诺了按时还款，他就应该按期来还我，不能拖延。要求这么高，难怪我们的生活如此痛苦，幸福指数这么低。实在是因为我们想得太多了。

谁规定的，别人就应该如此？你可以控制的是你自己，你永远无法控制和左右他人。控制只会带来反弹、抵触和对抗，这就是牛顿第三定律的作用力和反作用力。实际的真实的真相是什么呢？

第一种，你可以允许你自己疯狂地爱别人（这是单向的），但你无法控制、无法影响对方，也没有这个权力来命令对方同样疯狂地爱你。

第二种，我可以去投资这件事，可是我无法控制这一项投资肯定赚钱、一定是有回报的，搞不好还有可能会亏本。

第三种，我可以控制我不借钱给我的同事或朋友，可以委婉地拒绝对方，或者力所能及地少借一些（控制风险），但我无法控制对方一定会按时把钱全额地还给我。所以，想借钱给你的朋友，你就不要指望再跟他继续存在纯洁的友谊了，因为有可能他会还不了（有实际困难），你们的友谊小船可能说翻就翻。你要借钱给他，你就准备好这笔钱他可能不还了，考虑自己能够承受多大的风险。如果别人跟我借5万元，我承受不了，我能够承受1万元，那么我借1万元给他，打一个借条。这个借条放到抽屉里面，我的真实想法是，我这个钱永远都不要了，他有可能会遇到特殊情况，还不上了。我已经做好了最坏的思想准备，那万一他还我了呢？你看看，我每天行善积德，品德靠谱，上天给我一个奖励和恩赐，发给我一个这么大的红包！这样想，我就很开心，心态就很平和，每天生活和工作的幸福指数就很高。假设你借给朋友5万元，对方说两年要还，结果两年到了，对方却没有还。然后你就开始生气，气得夜里睡不着：这个人讲话这么不算数！

其实，人生缺少智慧就会没得活。我们无法控制别人"应该如此"。没错，按照协议和道德规范，借别人的钱是应该按期还的，可是我们却无法控制对方。如果发生一些意外状况呢？"诚实守信"条款是用来要求自己的，不是用来要求别人的。再加上世事难料，存在着不确定性，不一定如你所想象的那样，应该这样、应该那样，所以我们还是接受残酷的现实吧，不要抱怨。

我们的唯一出路是，面对现实，迎接挑战！

（二）托付心态

第二类误区就是托付心态。正确的做法是，我的人生我搞定，我的责任我担当。我自己犯的这个错误，怎么变成了是别人的责任呢？怎么变成是上级和老板的过错呢？你一定见到一些女士抱怨说："我过这些苦日子，都是因为我嫁了一个没出息的男人。""我的幸福生活是由我嫁的男人决定的"，这就叫托付心态。托付心态认为：我的幸福生活跟我没有关系，我不能决定，主要是看我的男人怎么样。如果你这样托付给别人、托付给男人、托付给老板、托付给其他人，而不是依赖你自己，你一定会有一个可悲的下场。所以，正确的心态是不可以做托付，因为我的未来我创造，我的责任我担当，我的幸福美好生活是由我来创造，而不是依托别人、由别人来控制的，最起码由我们共同来创造，而不是完全依托别人。

（三）认为没有办法

第三个误区是认为没有方法。这个没有办法，那个不可能，这个没有条件，那个没有预算，别人不支持，就说没有办法。其实，凡事都有三个以上的解决方案，没有什么是不可能的，要从多个方案中反复权衡来做优化选择。

三、换签法

第三个方法叫换签法。如果我们原来的观念有问题，我们应该怎么办呢？首先要松动，先把那个土松一下，然后把树再慢慢地拔出来。这样就可以把负面的标签更换成积极的标签。原来我们给自己贴的是负面标签。比如，因为我的出身差，所以我也就没办法；因为我爸妈没权势，所以我也就只能这样；因为老板发的薪水少，所以我就少干活。我们应该将负面标签更换成积极的观念、正面的标签：只有多干活，才有可能多得薪水；因为我爸妈没有权势，所以我要加倍地努力，我要完全靠自己。所以，正面标签和负面标签是不一样的，消极标签和积极标签是不一样的，请大家自我检讨一下：你每天往自己身上贴的是正面标签还是负面标签？

四、换框法

第四种方法是换框法。换框法有两大类：意义换框法和环境换框法。

第一类是意义换框法。意义换框就是把原来认知的含义和理由做改变、做扭转或颠覆。例如，因为我的上级很挑剔，所以我工作不开心。意义换框的技巧可以把它改成：①上级很挑剔，所以我工作就更积极，因为我要让他无可挑剔；②上级很挑剔，所以我工作更积极，因为上级挑剔其实就是器重我、培养我、重视我；③因为上级很挑剔，所以我工作更积极，我要让他无可挑剔。所以，你会发现因为过去上级挑剔，导致自己工作很不开心，现在观念一转则情况大变。

第二类是环境换框法。环境换框就是把所处的环境从劣势转变为优势，或者环境不变，但认知、条件可以改变或解决方法变得更多。例如，有人认为我现在年纪大了，竞争不过年轻人了。我们可以运用环境换框法把它改成：①在年龄大的这种情况下，我有什么样的优势可以竞争得过年轻人？②我如何能够扬长避短，发挥年长的优势与年轻人竞争？③在年纪比较大的客观情况下，我应该如何去跟年轻人竞争？这些就是环境换框法的技巧，转念一想，把陈旧的环境假设变换一下，转变为在同样的情况下，我应该如何做才更好，这就是积极心态。

这就是四种积极信念的改变法：脱困法、破框法、换签法和换框法。

五、职场人的基本信念

职场人只有建立了正确积极的信念，才能带来未来组织和自身的成功。职场人应该建立如下正确的基本信念：

（1）合理的是训练，不合理的是磨炼。

（2）有效果也胜过有道理。

（3）解决问题，而不是解释理由。

（4）动机和愿望永远没错，只是方法和细节需要纠正。

（5）问题过错首先在我，要做自我检讨，改善思过。

（6）人人都选择个人利益最大化，成本低，回报高。

（7）人人都有力量，要么行动在正确的方向上，要么维持在错误的方式上。

（8）太好了，这样的事情居然发生在我的身上，为我提供了锻炼、学习、成长的机会，我应该好好珍惜。

（9）天下有三件事：我的事、你的事、老天爷的事。管好我自己的事，力所能及地帮助你的事，老天爷的事归老天爷管，不关我的事。

（10）永远要三赢，你好、我好、世界都好。

（11）每个人都有能力照顾好自己的工作和生活，能独立，敢放手。我可以积极、适当地帮助别人，但是不要包办，不要成为别人（包括子女和爱人）免费的保姆，以免培养了对方的依赖性、脾气和任性，我们付出很多不被重视，感到很委屈，结果是双方都受伤害。

（12）你能提出问题，就能解决问题，解决问题是你自己的事情，每个问题至少要有三个以上的解决方案。

（13）没有困难，只有不懂，懂者为师，终身学习。

（14）不断尝试新方法，有效继续，无效重来。

（15）聚焦于解决问题，而不是谁对谁错，责任大小，谁担责任。

（16）没有唯一、标准的正确答案，只有当下最合适的选择。

职场人建立了正确的基本信念，相信你一定能够让自己处在一个正确的工作状态，行走在正确的方向和道路上，相信你的未来一定能有一个很好的发展，给组织创造一个很好的未来。

第三节　情商提高与修身

卓越职场人进行心智修炼的重点之一就是情商提高与自我修身。

一、人生的五个Q

心理学家总结过人一共有五个Q：IQ、EQ、AQ、FQ、HQ。IQ是智商，EQ是情商，这两个Q大家都比较熟悉。第三个AQ是韧商、逆商、挫折商，即面对逆境和挫折的应对能力，就是一个人碰到挫折、失败和打击的时候能不能咬牙挺过去。第四个FQ是财富智商，即人对财富所保持的正确看法。第五个HQ是健商，即身体健康和心理健康的商数。

很多成功学专家研究影响一个人的成功因素，少部分因素是IQ，大部分影响因素是EQ。EQ是情商、情绪商数。情商就是关于情绪管理的能力。四种情绪管理的能力：了解自己的情绪，控制自己的情绪、了解他人的情绪、影响和引导他人情绪的能力。

EQ的第一个层面是了解并控制自己的情绪。一个人能够了解自己的情绪，而且能够对自己的情绪有自控力，不会轻易地情绪失控。有一类情绪状态是"一失足而成千古恨"或者"冲动是魔鬼"，那就是失去了情绪控制和理智，处于疯狂的状态。不是理智、冷静的状态，常常会犯下很多终身后悔的错误。EQ 的第二个层面、更重要的是能够了解别人的情绪、读懂别人的情绪。别人是怎么想的，情绪和感觉是如何的？别人的这个表情、动作、眼神和语气的背后是什么样的状态？要读懂、读准确，而不是稀里糊涂、不明就里，甚至错误理解，把对方的真实含义读成了反面的意思。EQ 的第三个层面最厉害，对别人的情绪和感觉能否做一些影响和引导，甚至能不能控制住别人的情绪和心理？控制别人的情绪恐怕有点高难度，但可以施加影响和适当引导，情商高的高手常常有这样的能力，心理学也有类似的引导技术。

有专家研究发现，很多学校里的高才生、尖子生和学霸后来到了社会上工作的时候表现平常、成就一般。这是为什么呢？可能是因为两者的绩效评价规则不一样。学校里的绩效规则是怎样的？学习成绩好，考试分数高，主要靠的是智商，即会考试、能解题、敢刷题。而社会上的绩效评价规则主要靠的是情商，包含人际关系、交朋友，也要加上分析、解决问题的能力。在中国社会更加需要人脉关系，需要学会跟人打交道，而不仅仅是跟数字、跟文字、跟机器、跟考试题目打交道。到了社会大熔炉里面，情商高可能胜过了会刷题（智商高）。

可见，影响和决定一个人的成功，情商更重要，所以要想方设法地尽量提高职场人的情商。专家研究结果表明，提升一个孩子的智商是比较难的，智商大多与天赋和遗传基因有关，即使笨鸟先飞、加倍付出，提升到一定程度后就会遇到瓶颈和天花板。但是提升一个人的情商就可以显著地持续不断地缓慢提升，提升的程度会远远胜过智商。最好的状态就是智商和情商都能够进步成长，所谓活到老学到老，就是指 IQ 和 EQ 同时进步、共同成长。

人们对余下的三个（AQ 逆商、FQ 财商和 HQ 健商）就不太熟悉，也不太理解。比 EQ 更重要的是你的 AQ 高不高，面对挫折、打击和失败时，你会如何应对？能不能调整心态，挺过难关，来一个绝地反弹，迎来柳暗花明又一村？有一些"先驱"就常常会死在冲锋的路上，死在黎明前的黑暗里，就差一步看到希望和光明。也有不少成功企业家在行业周期的严冬，没有能够挺过去，为人作嫁。其实，有专家的研究结果发现，比这五个 Q 更加重要的是，当面对胜利、荣誉、富贵、成功和财富时，当你处在成功巅峰、享受荣华富贵的时候，能否不迷恋、不骄傲、不奢靡、不自满，继续保持艰苦奋斗、朴素低调的优良作风。提升这种基本素质比较难，其应该属于什么商数？我们给它取名叫戒商，或者叫谦商，即能不能保持谦虚谨慎、戒骄戒躁的状态，这种态度就属于谦虚商数。

二、情商的认知与提升

卡耐基研究对人成功的关键影响因素是什么，情商占了85%，智商专业技术只占了15%，情商才是影响和决定人生成功的关键因素。职场人要学会了解自己，控制自己的情绪，能够了解别人，而且能够影响别人的情绪。职场人要全面建设自己的心理和情绪，不仅需要掌握理论知识，还要掌握专业技能，更要建立正确的心理态度和信念、信仰。所以，职场人需要从身、心、灵三个方面来做自我完善和自我建设。

职场人的自我情绪管理首先需要从哪里做起呢？从每天早上能够感受到自己的情绪开始。人总有那么几天不顺利、不方便或者心情郁闷，心理学家研究发现人在一段时期里会有情绪波动曲线，例如，一个月里面会有一个情绪曲线，一周可能也有一个情绪曲线，一天也会有一个情绪曲线，即一天的上午、中午、晚上或者夜里情绪会不太一样，发生什么样的事情对你情绪的影响也会有所不同，所以情绪管理和提升情绪智商要从认知自我的情绪开始，再慢慢过渡到控制自我情绪和影响、引导他人情绪。

三、人格修炼和提升——修身

职场人需要进行人格修炼提升，需要不断地加强自我修身。其实，修炼的道场并不在深山老林里，道场就在人间，职场即道场，人间即修炼。所以，有大师曾经总结过四句话：工作之中享受快乐；困境之中磨炼意志；团队之中自我超越；红尘之中感悟人性。

我们针对职场人的自我修炼，总结了四句话，修身八法门：

（1）自悟自度，反求于己。

（2）感恩平常，活在当下。

（3）敢于担当，放下名利。

（4）顺势而为，大彻大悟。

修身八法门貌似还有一点点修禅的味道，修禅就是高层次的修身。

当你去玩VR虚拟现实游戏时，你戴上VR眼镜就会发现虚拟的空间非常逼真。那么，你在虚拟现实里面看到的那些景色和事物到底是真的还是假的？你一定会说，当然是假的，可是你放下VR设备，回到现实中看到的这一切是真的还是假的呢？有很多外在的东西，如名利、权势等，你暂时拥有一段时间，其实这些东西并不真正为你所拥有，你反而会成为它们的奴隶，被它们所束缚。人生有很多事情想开了就会豁然开朗，想不开就会成天愁眉苦脸、唉声叹气，最后可能会忧郁而终。医学研究结果表明，心情忧郁的人比心情开朗的人更容易患上癌症，真是"笑一笑，十年少"。

四、活在当下，成就自我

不要因为外界的名利、一时的利益、一时的金钱财富得失而捆绑了我们，搞得我们斤斤计较、患得患失、成天不开心。当然，有放下的心态并不是消极厌世、懒惰放弃，而是积极进取之后，对最终的结果不必患得患失、耿耿于怀，所谓"谋事在人，成事在天"，这次不成，下次继续。所以，人生的快乐、愉悦和自我提升是人生中最重要的事情，这个就叫职场人人格的修炼和提升。

人要活在当下。宋朝无门慧开禅师："春有百花秋有月，夏有凉风冬有雪，若无闲事挂心头，便是人间好时节。"做人要乐观一点，豁达一点，开朗一点，该吃吃、该喝喝，努力地工作，适当娱乐。人生要美好，不一定要追求美满、十全十美，可以追求美好，即主要的部分很美好。人生要快乐，要活得很有意义，尽量能够做自己很有兴趣、喜欢的事，追求自己认为有价值、有意义的事情。所以，不要忘记我们做事的最原始动机，这个就叫不忘初心、回归原点。

建议大家最好能够把谋生和乐生相结合，不要为了谋生而丢掉了快乐。如果谋生工作成为一件无比痛苦的事情，那么这样的事情怎么可能会做出卓越成绩呢？怎么可能会有伟大成就呢？工作本身其实就是一种奖赏，它就是一种奖赏的结果，而不仅仅是奖赏的手段。奖赏并不仅仅是物质、金钱、权势和财富，活着本身就是上天对我们的最大恩赐。美好的家庭、孩子成长和天伦之乐就是人生最大的幸福，我们拥有了如此多的财富和如此多的快乐，一生何求啊、我们还有什么不满足的？为什么每天还要那么焦虑、那么忧愁？现代人的人格修炼不如古人，古人很多修身的观念很值得我们当代人学习和借鉴，我们要活在当下，成就自我。

第四节 优秀职场人的特征

职场人从优秀走向卓越，一定需要了解优秀职场人的主要特征，包括思想观念、心理情绪状态和行为举止各方面，然后从外表到内心都进行模仿和学习借鉴，就能迈上成功之路，这就是标杆学习的基本原理。

一、优秀职场人的十大工作方式

优秀职场人有十大工作方式：
（1）把公司视为自己全身心投入的对象，全力以赴。
（2）把自己设想为老板，以老板立场要求自己的工作细节。
（3）有责任心地对待每一件工作，不可疏忽。
（4）理解上司，替其解决问题并做好。
（5）谦和待人，忠诚为本，信用第一。
（6）关键时刻，展露智慧才华，表现自己。
（7）具有组织和领导能力。
（8）时刻表现创新意识，让自己的工作变成聪明人的游戏。
（9）踏踏实实地做人，不过多地张扬和夸大自己。
（10）面对挫折困境，像战士一样坚强，并能找到突破口。

这十条优秀职场人的工作方式很值得大家去思考和借鉴，而且尽量去付诸行动。其中，把工作变成聪明人的游戏，就是不可以把我们的工作、学习当成用来谋生的痛苦手段，如果每天上班工作很痛苦，忍受一段时间后累积到极限值就会崩溃或者放弃，因为已经忍受很久了，现在终于解脱了。或者"是可忍，孰不可忍"，放弃就等于解放。职场人可以转换"工作很痛苦"的观念，将其变成：我们是在创造工作价值，是给客户带来价值，服务于他们，帮助他们解决问题、创造快乐。而我们创造价值本身就是很快乐的，过程和结果都很快乐，物质利益和精神荣誉双丰收。职场人如何把工作变成聪明人的游戏，能够带来由内而外的精神愉悦——快乐，这是非常值得职场人注意和调整的。

另外，很重要但又很纠结的是，在公司里面是要表现自己，还是不表现自己、保持低调呢？如果我们过于表现、很张扬，就会枪打出头鸟，恐怕没有好下场，会受到别人的妒忌和排挤。但从来从不显露张扬，表现很内敛，不敢崭露头角，谁会来提拔你、重视你呢？你又怎么会有很好的人生发展呢？所以，到底是表现自己，还是不表现自己，需要找好一个平衡点，所谓"中庸之道"的古人智慧。我们的建议是，做事要高调，做人要低调。工作上需要严谨踏实、一丝不苟，处理人际关系上需要谦虚谨慎、戒骄戒躁，不过多地张扬和表现自己。但是如果出现关键时刻，我们也需要抓住时机露一手，适当展露一下智慧、才华，展示和表现一下自己，实现咸鱼翻身、登堂入室，这才是中国人的千年大智慧，这一点的确需要"悟"。

优秀职场人的十大工作方式大多数是有难度的，属于高标准、严要求。例如，要全身心投入、全力以赴，要敢于担当、负起责任，要认真工作、不可疏忽，以老板的立场来要求自己，这些恐怕都很难做到，为什么？因为"屁股决定脑袋"，每个人的立场、利益和角色不同，想法和做法当然会不同。打工者和老板的立场不同，当然心态和行动会截然不同。其实，如果打工者能够长期以老板的心态来做工作，其慢慢地就会变成老板，至少会成为老板的合伙人、小股东，因为其是老板认为值得信赖、有担当、敢负责的准老板，因为其先有了老板式的工作态度。相反，如果你永远都保持打工的心态，认为"老板给我多少薪水，我就做多少事情"，你一定就会消极怠工，用行动来表达你的抗议和不满，你就会慢慢地离开老板或者被老板淘汰，你会永远打工，永远都在找工作，永远都在贫困线上挣扎。

二、从主动到卓越

优秀职场人都有一个显著的共同特征，那就是主动、积极而且有责任心，认真对待工作，尽其所能，比别人付出更多、表现更优秀。这就是从主动到卓越，主动是职场人的工作态度，而卓越是职场人积极进取之后取得的结果。几乎所有的优秀职场人都是非常积极主动、敢于担当负责和善于换位思考的。积极主动、敢于担当就体现了职场人高度的责任心，是不可或缺的一个成功密码。

优秀职场人的积极主动常常会表现在两个方面：一是主动的工作态度，二是主动的工作关系。

职场人的第一个积极主动是主动的工作态度。具有强烈的责任心是职场人迈向成功的最基本的必要因素。如何建立主动的工作态度呢？建议职场人采取以下行动：

（1）持续的认真和表现出色是无价之宝。
（2）运用主动热忱的法则，一分投入，一分回报。
（3）主动捕捉机会，善于垫高自己卓越的台阶。
（4）登上上司的优秀下属名单，赢得上司的信任。
（5）在芸芸众生中能够发现自己，崭露头角。
（6）主动修正目标，积小步成大步。
（7）对准目标发力，集中精力聚焦做好一件事。
（8）把大目标分成小目标和里程碑目标，分阶段的成功和小目标成功叠加起来就是最后的大目标成功。

职场人的第二个积极主动是主动的工作关系。有不少职场人自身的工作能力挺强，但是不太注重上下级和周边同事的工作协同和人际关系协调，大大影响了团队和组织绩效的达成。与同人建立主动的工作关系，是职场人走向卓越的必由之路。给职场人的行动建议如下：

（1）要掌握亲和力原则，向领导主动报告工作，与同事主动沟通。

（2）靠行动和成绩证明自己的能力，这是让领导和同事认可的第一法则。

（3）敢于抓住适当时机陈述己见，用书面语加口头语沟通则更好，以巧妙的方式推销自己、展示自己，创造晋升机会。

（4）要学会发现人际关系和团队协作的力量，主动应对和协助同事，主动协助同事解决工作难题，绝不是拆台，不是冷漠和清高，也不是爱理不理。

（5）要做一个讨人喜欢、诚恳谦虚和真诚的工作伙伴，主动学会消除矛盾、消除误会，主动沟通，积极协助。

（6）要学会洞察别人心理，以同理心和换位思考与大家相处，视同事为达成共同目标的绩效伙伴，照顾别人的自尊，给人留有面子、留有台阶。

（7）积极主动，认真做事，好好做人，讨人欢喜，还要谦虚谨慎，不断学习进步。

以上这些要求是不是很难？不要急于求成、追求完美主义，可以一步一步地来，逐步提升职场人的情商。自我工作态度是积极的，与同事的关系也是积极主动的，这样能够做主动积极、有责任心的职场人，比较难，但也的确是非常了不起的。

三、职业化发展的铁律

职场人职业化发展的铁律一共有 30 条，这 30 条是以美国西点军校的 22 条军规为基础、作为参照，结合职场人的特性来加以完善的。

（1）组织和公司的利益高于一切。永远把组织的利益放在第一位，而不是个人和小团队、小山头利益。

（2）组织和团队永远至高无上。没有组织和团队力量支撑的个人只是散兵游勇，必然孤掌难鸣。

（3）我就是组织和公司的代言人，而不是只代表我自己。

（4）影响力就是生命力。职场人必须建立和发挥个人的影响力。

（5）细节决定成败，魔鬼出于细节。不注重细节的职场人不会成功。

（6）要么上去，要么出去（UP OR OUT），成长如同逆水行舟，不进则退。

（7）认真面前没有困难，人世间最怕认真二字。

（8）积极主动，争做第一。

（9）专业敬业，无可替代。

（10）沟通协调，消除障碍。

（11）用老板的标准要求自己。

（12）不要借口，只要结果。只有结果才是衡量职场人绩效的唯一标准。

（13）撸起袖子立即干活。空谈误国，实干兴邦。

（14）小慈是大慈之贼，小利是大利之贼。小的仁慈其实是伤害，盯住蝇头小利会损失更大的利益。

（15）成功三要素，目标、计划和时间。

（16）程序重于资源，规范优于指令，检查胜过布置。有资源而不善于利用只会捧着金碗在讨饭，依据规范和程序作业，而不是等待上级的指令，布置工作不检查等于没有布置，因为下属只会做上级检查的工作，而不是布置的工作。

（17）亲临一线，决胜天下。领导不下基层一线，就可能会被下属蒙骗。

（18）迅速响应，价值体现。

（19）三人行有我师，学到老活到老，保持终身学习和研修的习惯。

（20）敢于担当，推诿可耻。有责任心才会有尊严。

（21）价值、成就由客户评说，客户的满意度才是终极目标。

（22）聚焦目标，奋勇前进。目光离开目标，所看到的一切都是障碍。

（23）有张有弛，规矩适度。保持中庸、不偏激的平衡状态。

（24）不断进取，开放心态。有容乃大，海纳百川，才能兼收并蓄。

（25）做对的事，把事做对。选择比努力更重要，要有所为有所不为。

（26）简单、简单再简单，准备、准备再准备。简单易行才是大智慧。

（27）做人要低调，做事要高调。为人谦虚与认真做事是优秀的一体两面。

（28）做足一百分只是本分，不值得作为讨要奖赏的理由。

（29）专业精神就是服务精神。专业服务才能创造价值。

（30）珍惜自己的职业声誉。职业荣誉是日积月累而成的。

这30条职业化发展的铁律非常值得各位职场人去认真对照、认真检讨、进行反思，请思考：对照这30条铁律，我在职业化心态建设方面还有哪些做得不够？找出3条做得不够的消极心态或负面观念，看看应该如何加以改善。

第三章 职场人自我角色认知

第一节 职场人的角色定位

一、身份与角色的内涵

首先厘清一下身份与角色的不同内涵。

身份是一个人在社会上最基础的本色定位，如公民的身份证或护照，可以确定个人身份。不管你迁移到全国哪个地方工作和居住，身份证号码是不变的，即一个人的"身份"通常是固定不变的。

而角色则是一个人在不同的环境、情景下面对不同的对象时所需要扮演的特定人物。角色是戏剧表演行业的专业名词，属于演戏一类的名称。角色是需要演员进行扮演的，扮演得好，才是好演员，成为明星大腕。显然，角色不是你原来的本色定位和身份。例如，你在你的孩子面前是父亲，在你的父母面前是子女，在公司下属面前就是部门经理，在老板面前是下属，在旅行团导游面前就变成了游客。可见，角色是多样的，随着对象和环境的不同不断变化。同一个身份可以扮演不同的多个角色，就像一朵花，花蕊在中间类似"身份"，外面的一圈许多的花瓣就是不同情境下的"角色"。

职场人在企业内部面对着不同对象的时候，其角色也是需要根据不同环境和对象进行不断变化和调整的，可能是上级、下级、平级、内部服务者或内部客户。

二、在不同对象面前的角色

职场人在上级、下级和同级之间到底应该扮演什么样的角色呢？

职场人在上司面前，就是一个下属的角色：一名服从者、执行者和接受教育训练者，需要协助上级共同完成团队的目标和绩效。所以，其是上级的绩效伙伴，也是整个组织和团队活动中的绩效伙伴，大家一起共同朝着一个团队和组织的共同目标而奋斗。这就是"绩效伙伴"的角色。整个组织的绩效就像做拼图游戏一样，每一个部门、每一个团队的绩效巧妙地有机组合在一起，从而达成整个组织的绩效。

有下属的职场人在下级面前就变成了上级角色：是公司的代言人，也是上级的授权者，上级把权力授给他，他接受上级的权力和工作任务的委派；他还是一个团队的计划者、组织者、指挥者、监督者，对下级的授权者，还是培养下级员工的辅导员或者教练，同时，他也是下级下属员工的有效的激励者和榜样。

职场人在同级之间的角色是内部服务者和支持配合者，需要服务好内部客户，服务好业务流程的下一道工序和岗位，共同提升内部服务的品质，从而服务好外部消费者。

可见，职场人在面对不同的对象时，需要扮演不同的角色，需要灵活多变，成为职场上的"变形金刚"。

作为管理者的职场人在做不同工作和完成不同任务时，所扮演的角色有不同的种类：

（1）人际类角色：扮演下属的公平无私的良师益友和上级的绩效伙伴。
（2）信息类角色：同事之间、部门之间主动积极的沟通与协调。
（3）决策类角色：扮演上级的替身，体现公司的意志、利益和企业文化。
（4）行动类角色：扮演下属的楷模、榜样和表率，支持服务内部客户。
（5）管理类角色：团队管理的计划、执行、指挥、监督、控制和改进。

三、我们在公司到底代表谁

职场人在公司内部常常会犯一些角色错位的错误，忘记了自己应该站在谁的立场，维护谁的利益。大家常常会有疑惑，我们在公司内部到底代表谁？针对这个困惑，我们做了一些深入的研究和探讨，做了一些角色汇总。

在公司和组织内部，职场人应该代表这五种角色：第一，要代表组织意志；第二，要代表决策高层；第三，要代表组织或集体的整体利益；第四，要代表组织或企业的制度；第五，要代表组织或企业的文化。

在组织和公司内部我们决不能代表这五类角色：第一，不可以代表本人的意见；第二，不可以代表下级员工和所谓的"民意"；第三，不可以代表正义和公理（违背最基准的职业操守除外）；第四，不可以代表旁观者和自由人；第五，不可以代表好好先生和老好人。

职场人就应该是公司的代言人，是上级领导的授权者，是公司和组织的化身或替身，是企业文化和企业规章制度的示范者和传播者。

有很多职场人的角色定位错了，常见的角色错位有八种现象：

（1）内部人控制，抵触上级。

（2）各司其职，互不相干。

（3）讨好员工，牺牲领导。

（4）地方诸侯，一亩三分地。

（5）向上错位，指点江山。

（6）民意代表，对抗公司。

（7）业务骨干，亲力亲为。

（8）做自由人，扮和事佬。

有些职场人常常在代表本人的意见，其自己有什么不同想法或反对意见就口无遮拦地在组织内部或下属面前公开说出来，在团队、同事和下属面前，甚至在会议上发牢骚、提反对意见，不认同和对抗公司的主张或决策。所以，在组织的公开场合、网络公开媒体和个人自媒体上，职场人都必须代表公司的意志，如果有不同的个人意见和看法，则需要与上级做私下沟通和协调，而不是公开发牢骚、叫板、唱对台戏。

有些作为管理者的职场人可能会代表下级员工，成为下属员工的代言人。他们误以为他们是下属一人一票选举出来的，所以应该做下属员工的利益代表者，是民意代表人。还有些职场人错误地认为，自己要代表正义和公理，要维护真理，谁是正确的，我就维护谁、拥护谁。这样做显然是有角色错位问题的。

有些职场人事不关己，高高挂起，做旁观者、自由人，认为统统不关我的事，我有一方天地就可以了。甚至还有些人会做好好先生，"你好，我好，大家好"，损失了公司的利益不要紧，只要个人利益可以保证就可以了。

有很多人不理解，代表"正义和公理"，难道还有错吗？

举例说明，一个帮助代理人打官司的律师通常是为正义而战，还是为金钱而战？很显然，一般情况下律师是在"为金钱而战"（除了突破了律师的职业操守和道德底线外）。律师的委托人、当事人给了他们诉讼代理的费用，他们要不要为当事人辩护？俗话说：拿人钱财，替人消灾。所以，无论当事人有罪与否，律师的主要职责就是想方设法、依据法律，帮助其委托人进行辩护，以尽量减轻罪行。有罪的要辩护为没罪或者证据不足，有证据的也要说成是无意的，要洗清其冤白，要减轻其罪行，这就是律师的主要职责。那么，谁来代表正义和公理呢？是法官、审判长和陪审团，他们必须代表社会的正义和公理。而律师代表当事人的利益，拿当事人的代理费用是无可厚非、天经地义的。

职场人就好像是当事人的辩护律师，拿人钱财，替人消灾。你拿了谁的钱？组织和老板的钱。谁来提拔你？组织和老板来提拔你。你应该对谁负责？对组织和老板负责，对整个组织的整体利益负责。当然，这个"老板"指的是不仅仅是你的上级领导，而是全公司，是整个组织。

职场人角色是代表组织利益，而不是简单代表正义和公理。

我们在谈到上下级管理时，常常会谈到员工的忠诚度问题。我们需要对组织忠诚，是不是完全等同于对老板和上级领导忠诚？我们去过很多民营企业，老板需要老师给员工讲授执行力课程。我就问老板："什么叫执行力？"老板说："执行力就是我讲什么，他就听什么、服从什么，必须对我忠诚。"我说："老板，你是想培养一帮唯唯诺诺、平庸的奴才，你在扮演土皇帝，需要所有的员工都乖乖地听你的话，这就叫执行力吗？"

执行力需要员工不仅要对组织领导忠诚，更重要的是对组织的战略目标、使命、愿景和价值观要忠诚。就好像是一个党员要对党的事业忠诚，不一定必须表现为对其直接上级党支部书记和党委书记忠诚，也许其跟党委书记上级的所有意见可能不完全一致，甚至会有一些小小的人际矛盾、冲突和不同看法，那也不能完全代表他对党的事业不忠诚。所以，我们建议，员工要对组织的整体战略目标、使命和愿景忠诚，这才是真正的忠诚。因为我们代表的是整个组织的利益、组织的战略、企业文化和企业精神，而不仅仅代表正义和公理。

职场人当然也不代表下级和员工。例如，某公司的车间领导跑到老板办公室一拍桌子："老板，天气这么热，兄弟们没法干活了！这个月的降温费要再加200块，否则这活儿没法干了！"他就代表员工利益，组织员工来造反、罢工，来强迫领导来接受员工的条件，你认为这是一个中层领导干部应该做的吗？

所以，当组织利益和员工的一些利益发生不协调的时候，你应该代表谁的立场去协调另外一方的利益？显然，你应该代表组织和公司的立场，即老板的立场。你不是民意代表，也不是一人一票选举出来的民主干部。目前，还没有哪一家企业领导是西方式投票选举的，管理者、总经理、董事长是一人一票选出来的吗？好像都不是。全世界的大多数企业都实行"中央集权制"，董事长必须是投资人之一、资产的所有者和实际的控制者。所以，职场人要对组织负责，要对股东负责，照顾到股东的利益。当然，除了股东的利益，也不能损失其他的利益相关方的利益，需要利益共赢。

首先，职场人是组织利益的代言人，这才是职场人真正的角色。当然，如果职场人有什么不同意见，首先要服从公司的意志和价值导向。过去说"理解的要执行，不理解的也要执行"，执行公司的决策和公司的主张，实现公司的目标，这是一个职业经理人理所应当的重要职责所在，而不是可有可无的。

当然，有些职场人喜欢把这些问题和责任向上推，向别的地方推，有时甚至会故意讨好员工，牺牲上级领导。

四、职场人的常见角色错位

职场人在角色定位方面常常会出现定位错误的现象。我们通过研究和总结，发现职场人的角色错位常常体现在以下方面：

（1）内部人控制，抵触上级。
（2）各司其职，互不相干。
（3）向上错位，指点江山。
（4）民意代表，对抗公司。
（5）做自由人，扮和事佬。

这五个角色错误方面都是常见的严重问题。

请大家检讨、思考：

（1）我过去有角色定位错误的现象吗？请列举一个具体工作实例加以说明。

（2）我将用什么行动来代表组织和公司的意志和企业文化，列出管理角色转变的具体改善行动计划。

第二节　职场人的自身角色

除了职场人在组织团队中需要扮演的角色之外，其自身角色应该是什么呢？管理专家建议团队领导的自身角色应该有四个"者"：第一，学习者；第二，模范者；第三，建设者；第四，培训者。

一、学习者

职场人理所应当要树立终身学习的榜样，活到老，学到老。我到一家企业去培训辅导，看到企业挂的横幅是"学到老，活到老"。我跟老板说："老板，你弄反了，应该是'活到老，学到老'。"这个老板说："我们的企业文化是，只有学到老，才能活到老。我们提倡学习型团队，所以故意这样来贴的。"我果然见到企业内部的很多标语都是这样写的。大家觉得，"只有学到老，才能活到老"有没有一定的道理？

那么，职场人如何才能成为一个好的学习者呢？我们总结了优秀的学习者的"一二三"法则。一，每晚读书一小时；二，每个月要读两本书；三，三年成为本行业的专家。职场人只有学到老，才能活到老，养成终身学习的习惯。企业里有很多管理干部，大学毕业以后就再也不看书了，压力很大，工作很忙，家务事也很多，还有不少的应酬，难得回家有一点空余时间，好不容易坐下来了，往沙发上一坐，泡一杯茶，掏出手机，打开电视，瞬间变成了"沙发土豆"。我们每天玩手机、上网、聊天或者看电视的时间太多，可是用来阅读、学习、研修和自我成长的时间太少，所以职场人理所应当要成为学习者、研修者和进步者。

二、模范者

作为管理者的职场人应该成为模范者。管理者就是下级的模范者，要起到楷模带头的作用。"言传"和"身教"哪个应该放在前面，对影响下属的行为显得更重要呢？是身教，因为身教永远重于言传。你是怎么说的并不重要，最关键的是你是怎么做的。有很多领导嘴上说一套，而实际工作做的是另外一套，这样会让下级产生歧义。他们会很疑惑，到底是要相信你嘴上说的，还是模仿和学习你所做的呢？通常，下属会模仿上级的实际行为。所以，职场人需要身体力行，在下属面前一定要做一个合格的楷模。

三、培训者

作为管理者的职场人应该做下级的培训者。作为基层的管理干部，如班组长，职场人可能要作为一个团队的队长角色，需要亲自上阵操作，带头示范，可是中层以上的干部恐怕要成为下级的教练、指导员角色，主要的教导和引导下属进行正确的操作和作业。

教练（指导员）与队长有什么不同？在体育比赛的时候就可以看出来：队长要上场比赛，需要亲自踢球。整个球队的运作可能就是以队长为中心的整个团队协同作业的过程。可是，教练（指导员）在比赛的时候上不上场、踢不踢球呢？教练是不用上场踢球的，但是需要在比赛时时刻提供必要的指导和调整，而且要对球队的最终比赛成果负责。所以，中层管理者应该做教练型的领导人。

参照体育界的竞技比赛，教练型的领导人有五大特征：第一，要熟悉比赛场地和对手（市场环境）；第二，要洞悉、搞透比赛规则（市场规则）；第三，需要制定本队的战略和战术（打法特色）；第四，对本队的队员进行反复操练（教导训练）；第五，当进行比赛的时候，教练在台下指挥（现场指挥），队员们上场踢球。

在进行体育比赛时，教练有两大类工作：第一，可以叫暂停，临时做一些辅导和指导纠正的工作；第二，可以摇旗呐喊，做啦啦队，在边上加油、鼓励。大家是否发现，球场上比赛时的观众啦啦队并不是等队员进球的时候才鼓励、加油，而是我方的球员一拿到球以后，我方啦啦队的呼声和鼓励声就开始了，一直到阶段性进攻、进球结束才告一段落。

在企业实际管理过程中，我们通常是鼓励员工的工作结果，还是鼓励他们的工作过程？我们发现，如果有正确的结果，达成了目标和绩效，就会有一些鼓励，可能不一定多，但一定会有少许的鼓励。那么，在员工的工作过程中还没有达成阶段结果的时候，或者在员工刚开始接到工作任务的时候，其有没有被鼓励呢？大多数是没有的，我们普遍不太重视过程的管理和即时性鼓励。所以，员工的激励方式应该向体育的啦啦队学习，同时重视日常性、过程性的激励，而不是等到月底考核或者年底发奖金的时候。

作为管理者的职场人应该做教练型的领导人，做合格的培训者。职场人就是下属的指导员、辅导员、教练和导师。如果员工不会做怎么办？职场人要教会他们、指导他们，而不是常常见到的，让他们无师自通、自学成才。

四、建设者

在作为管理者的职场人的自我角色里面，最重要的一个自我角色，也比较难理解的就是建设者。所谓建设者，就是修路、架桥的工作者。那么，为什么职场人会是修路、架桥的建设者呢？具体在建设什么呢？建设道路。具体是什么道路？即企业运转的游戏规则、作业的流程、规章制度和作业的标准，这在生产制造企业中叫SOP（标准作业程序）。企业的制度、标准、程序、规范或流程一般统称为"规则"。

俗话说："有人的地方就有江湖，有江湖的地方就有规则。"人们一定要守规矩，无规矩不成方圆。如果没有规矩，我们用什么去管理团队？用什么去管理员工？不是用人去管人、用人监督人或者用人检查人，那就会容易带来对抗。哪里有压迫，哪里就有对抗，对人的监督会带来人和人之间的抵触，导致人际关系紧张和矛盾。职场人用什么去管理团队？要用规则、用程序。那么，规则和程序从哪里来？需要职场人不断地去优化、去建设、去完善。所以，职场人要提前去完善规则，多修路，少管人，做一个钟表建设者和制造者，而不是报时者。

举例说明，马路上的窨井盖被少数盗贼偷走了，结果走路的人不小心摔了一跤，骑自行车的人不小心摔了一个跟头，最惨的是一个摩托车驾驶员，一个跟头摔下去，两颗门牙下岗！如果要解决这样的问题，请问是要首先解决马路的平整问题，还是要解决人的注意力问题？哪个才是解决问题的关键？显然马路的平整是根本、是关键。解决人的注意力问题的方法就是，在井边围个圈，立个告示，再弄一些红灯防范，这是典型的治标没有治本。治本的方法是完善规则，把马路修平，把窨井盖盖上。

中国发生了很多自然灾害，在抗洪抢险的时候，大家都比较注重抢险。在温州动车安全事件中，大家也比较注重抢救人。关键是救完人之后要做什么呢？需要进一步防范类似的事故，下次不要再发生。在每一次抗洪抢险之后，需要做的重要工作就是提前预应，防止以后发生这样的洪水灾难。可是，国家常常会表彰很多抗洪抢险英雄，却忘记了提供预防的方案、杜绝此类事情再发生的无名英雄。这就叫"完善规则"。作为管理者的职场人的建设者角色就是要通过"规则制度"去管理员工。

基层员工就像是汽车，作为管理者的职场人要把高速公路修得又宽又平，员工在上面迅速奔驰。只要员工不违反交通规则，就让他们尽情地开，让他们尽情去发挥。有一些新员工上了高速公路，管理者才发现这位新员工开的是手扶拖拉机。手扶拖拉机可不可以上高速公路呢？新员工可能还没有掌握一些必要的技能。那怎么办？把手扶拖拉机的轮胎换掉，把发动机换掉，把方向盘换掉，外面加一个铁皮，要把它变成轿车，所以从手扶拖拉机开始一步步升级为轿车的过程，我们就称之为教育训练。

马路的建设是很重要的，对规则机制、工作程序、流程规范需要做优化，这也是职场人非常重要的一个核心职责，所以称之为建设者。

五、老大难问题的解决

在日常管理工作中常常会发现有很多老大难的问题。比如，品质的问题、人员管理的问题、员工积极性的问题。其实，解决老大难的问题，首先思考系统因素，然后再来研究人员的因素。

所谓系统的因素，就是检查企业的制度规范和流程方面是不是有缺陷，或者有系统风险和系统缺陷。制度是不是还不够完善，流程、规范和规则是不是还有些欠缺。

然后，再来思考人员的个体因素。人员的因素要从两个方面去思考：一是个人的工作意愿；二是个人的工作技能。员工是否有意愿，即他们愿意吗？他们有积极性吗？他们有方法吗？他们能够做吗？就像一个战士愿意打仗，但不太会打仗。愿意冲锋向前与能打仗、有作战的能力是两码事。

碰到老大难的问题首先要思考的是系统因素，然后再来分析人员因素。一般来说，老大难的疑难杂症百分之七八十的因素主要来自系统因素。例如，有不少贪官污吏，是来自于制度性问题，称之为制度性腐败，而不仅仅是官员的个人品德问题。我们相信这些干部一步步被提拔的时候能力是很强的，意愿是可以的，积极性是蛮高的，否则不可能会位高权重，但是如果其掌握了很多的资源，其拥有充分的权力，没有得到监督和适当的牵制，就有可能会带来腐败，所谓绝对的权力会带来绝对的腐败，这就是系统因素。

制度对影响一个人的表现非常重要，一个好的制度可以让坏人变成好人，一个坏的制度可以让好人变成坏人。例如，企业内部的财务管理制度。财务管理制度将财务人员假设为好人还是坏人？首先，假设他们统统都是坏人，基于这样的假设，我们来做一个防火墙，做一个防范的条例，完善财务管理制度，形成相互监督和相互牵制。所以，只要严格按照财务管理制度和规范来做，财务人员要想以权谋私，要想捞公司的钱就是不太可能的，那是很难做到的，这就是机制和制度的力量。如果一家公司的发票都归财务人员，财务章、支票、账目也归财务人员，其想怎么做账都可以，去银行领多少钱都可以，没有人来监督他、检查他和审批他，这个财务人员手握重权，所有的钱都归他管，他会不会犯错误？所以，管理干部应该更好地去完善管理规则和制度规范，这也是管理者的工作重心所在。

六、流程优化和提案改善

企业有很多的内部流程需要不断优化和持续改善，管理学常常称之为"提案改善"。很多的业务流程慢慢地会变得固化和僵化，从而降低了企业的运营效率。所以，职场人需要对低效和不合理的业务流程进行重组和改善。

有一个生物学家曾经做了一个实验，实验结果非常有趣。在一个笼子里面关了四个猴子，笼子的上面吊了一串香蕉，然后再放一只猴子进去。第五个猴子一进笼子就发现了上面有一串香蕉，于是就跳起来要去抓这串香蕉。只要它一起跳去抓这串香蕉，外面就会有高压的水龙头冲击这些猴子，然后有人用棍子去打它们。所以，第五个猴子一进来抓香蕉，四个猴子就死死把它按住。第五个猴子问："这是为什么？"四个猴子说："你不可以去抓香蕉，抓了这个香蕉，我们就要被打、被水冲。"后来，这个笼子里面老猴子不断地被换出去，新猴子不断换进来，换到第十六个猴子的时候，神奇的现象发生了：第十六个猴子一进这个笼子"噌"的一下跳起来就要抓香蕉，剩下的四个猴子就死死地把它按住。第十六个猴子问："为什么不可以抓香蕉？"剩下的四个猴子说："不知道，我们进这个笼子的时候已经被关照，不允许碰这串香蕉，具体原因不知道。"

有很多的工作经过不断重复，慢慢就会养成了约定俗成的工作习惯，没有人问它为什么会这样做。在社会生活中就称之为风俗。比如，中国人要回家过年，过中秋吃月饼，过端午要吃粽子，过年要放鞭炮。这样做是为什么？这种约定俗成养成的习惯有着强大的惯性，支配着人们的一些行为。这在企业的业务流程中，可能是不合理的，可能需要改革和完善。所以，职场人需要不断地进行创新，进行流程重组，对僵化的、固化的、不合理的流程进行变革和创新，这种管理行为称为提案改善。

我们研究过不少的中餐馆和各类快餐的业务流程。我们很惊奇地发现，洋快餐的流程是比较优化的，肯德基和麦当劳的业务流程是三合一复合式，简单且高效。顾客到柜台面前，点餐、付钱和取餐，1分钟就可以搞定。可是中餐快餐就比较复杂，例如，永和豆浆和大娘水饺，点菜、给钱、拿票，找个空座位坐下来，服务员来拿票，之后服务员会把顾客的食物送过来。一般的中式快餐馆点餐、付钱和取餐要花5～10分钟的时间，而麦当劳、肯德基只需要花1分钟的时间，这种快餐流程优化我们可不可以借鉴呢？完全可以借鉴。广东有一个真功夫快餐，就是模仿洋快餐的流程，点餐、付钱和取餐达到了90秒。可见，业务流程是可以不断优化、不断改善的。

请大家思考，有五种类型的道路，羊肠小道、省道、国道、高速公路和高速轨道，哪种道路的速度非常快，同时风险又比较低？很显然是高速轨道（高铁）。因为高速轨道基本上没有左拐右拐和红绿灯，驾驶的司机只能控制高铁列车的起步、速度和停车。虽然高速轨道也可能会出现一些安全问题，但是总体来看，高速轨道仍然比高速公路的安全系数大得多。

七、要懂得造势借势

《孙子兵法·势》："故善战者，求之于势，不责于人，故能择人而任势。任势者，其战人也，如转木石。木石之性，安则静，危则动，方则止，圆则行。故善战人之势，如转圆石于千仞之山者，势也。"孙子说的意思是，古代打仗时候的指挥官——将军，需要在战场上形成一个很好的态势，就像木头和石头一样，把圆的石头放在万丈高山的山巅上，手一松，让石头滚滚而下，势不可当。所以，应该让胜利成为必然的结果，而不是只是依靠侥幸的机会。孙子兵法称之为"势"。

在企业管理中，员工的工作状态也应该要形成一个很好的态势，不要犯错。但是很多人更喜欢侥幸，不喜欢必然，喜欢小概率的偶然因素，而不是大概率的必然的结果。例如，很多人常常津津乐道于四两拨千斤。那么，"四两"和"千斤"在一般正常的情况下通常是谁压谁？谁拨谁？当然是千斤压四两了！那么，四两有没有可能去拨动千斤呢？也有一些可能，即使发生了，也属于小概率事件。在一些条件或偶然的因素下，也有可能千斤被四两拨了，比如，千斤睡着了、喝醉了或者中了蒙汗药了，那么四两就可能会成功拨动千斤，这叫投机取巧、侥幸取胜。只要千斤头脑清醒、思维正常，在不发生纰漏、没有犯错误也没有被收买的前提下，千斤通常是能够压过四两的。四两何时才能取胜？只有等千斤犯错误时，四两才能取胜。这种事情，你认为靠谱吗？

在一般正常情况下是千斤压四两，而不是四两拨千斤。所以，职场人要让员工的正确工作状态成为必然，不是依靠偶然、小概率或者投机取巧，不是要具备很多的假设条件才会有做好、做对的可能。

另外，赤壁之战中到底是谁打败了曹操？周瑜说万事俱备，只欠东风，大家一切都准备好了，就等那个东风。那么，东风是由谁来决定的？是由上天决定。老天爷什么时候刮东风、刮几级、刮什么方向、啥时候开始、啥时候结束、刮的过程中会不会转向？这一切谁说了算？是老天爷说了算。周瑜和孔明最了不起的地方是借力借势，巧借了东风。但是这种借东风是毕竟是小概率事件。曹操必败，曹操当然有骄傲自满、连连中计、轻敌等很多问题。那么，如果东风刮了两天之后，等到曹操大军杀过来了再刮，行不行呢？如果东风是夜里十二点开始刮，刮了一个半小时又停了，那么行不行呢？如果等黄盖的火船到达曹操大军的时候，突然刮西北风了，那么到底行不行？

人们津津乐道地谈论赤壁之战，这是有问题的，说明很多人有比较强的投机心理和侥幸心理。做职场人不能心存侥幸，应该让形成正确的结果成为一种必然，这是职场人的重要使命，也是职场人作为一个建设者的核心职责。

第三节　上下级之间的相互协作

企业管理中存在哪些层级？他们的主要职责是什么？

一、管理层级与主要职责

企业的不同层级职场人的重点是不一样的。高层职场人针对的重点通常是 what 和 why，即做什么和为什么，就是企业的使命和方向、愿景、宗旨、为什么要这样做。职场人是计划组织者，针对的重点是 how to do，即如何做、到底应该怎么做，需要把公司的宏观的战略愿景和目标细化成一个部门的分目标，而且要制定一个大概的行动方案。而一线的主管或基层的 Leader 班组长则应该成为监督执行者，针对何时做，具体每一个步骤应该怎么做，针对每一个分目标具体如何做，如何分配资源、具体的做事、操作和执行。

我们发现，很多的职场人和领导干部在做很具体的实务工作时亲力亲为，还定位为过去的"业务骨干""技术能手"和专家，显然其角色定位是有问题的。越是中高级的管理干部，越是很忙碌，这是为什么呢？这是因为常常存在着基层职场人会把工作问题向上级输送，这就形成了"问题猴子管理"的现象。

二、问题猴子管理

请看一个管理情景：

有一天，我们的管理干部在过道里被下级拦住了。"领导请示报告！"我们停下脚步说："有什么问题？""领导，现在我们碰到了一个问题……"下级讲完了以后，用期盼的眼神看着领导说："领导，你看这个问题应该怎么办呢？"领导停下脚步，一挥手说："噢，是有点问题，这个问题还有点困难，这样，这三天我还没有空，等三天后我回来再说，好吗？""领导，你可不能忘记了。""不会的，不会的。去吧，去吧。"

到了第四天上午八点半，丁零零电话响了，拎起来一听，原来是下级打电话来："尊敬的领导，上次你答应的事情怎么说？"领导一拍脑袋："不好意思，忘记了，上午还要开个会，下午两点好吧。"下午两点，我们终于去帮那个下级解决了问题，完成了他的工作任务。现在的问题是，谁是上级，谁是下级？谁在给谁布置工作任务？

可笑的现象常常会发生，下级常常在给上级布置工作任务，而且对上级进行定期的追踪和检查。这就是职场人角色定位的一个常见的严重错误。

约翰逊博士把这种现象称为"问题猴子管理"。有困难找警察，有问题找领导。当下级员工发生工作问题的时候，他们第一个想到的是谁？就是上级领导。所以，他们常常向上级领导进行请示报告，把问题猴子推给领导。

我们常常强调，下级向上级问问题的时候一定要记住一个最基本的原则：多问选择题，少问判断题，不要问问答题。可是企业内常常发生的现象就是，下级常常问上级问答题，而领导也很乐于帮助下级去回答问答题，甚至主动帮助下级去解决很具体的工作难题。

"问题猴子管理"的含义是，猴子就是每一个人的工作职责，必须把它分清楚，能够各负其责、敢于担当，每个人必须照顾好自己的猴子，而且要搞清楚这个猴子照顾好的衡量标准是什么，自己有哪些猴子，如何能够照看好。不要把自己的猴子给别人，也不要主动去帮别人照顾猴子。当然更不可以多头管理或出现管理的空白，即不可以一个猴子多个人看管，也不可以出现无人看管的猴子，出现了工作的空白点。

如果碰到下级把问题猴子推给上级，我们应该怎么办呢？我们建议，把猴子立即挡回去。等到下级来问上级领导："请问这个问题应该怎么解决呢？"有领导说："那你看应该怎么办呢？"假如下级问："领导，你看这个问题应该怎么办呢？"领导应该说："嗯，这个问题的确是有点复杂、有点小困难，不过我相信，你够聪明、够能干，相信你一定可以完成得很好的。说说看，你打算怎么办呢？"很多下级可能说："领导，你是技术骨干，你是业务专家、权威，是先行者，是我们的师父，还要靠您来指点迷津。"

现在的情况是，下属用非常尊敬你的眼神、语气，把问题又推给你了。所以，好多领导需要跟下级斗智斗勇。"道高一丈，魔高一丈"，领导应该怎么办？

训练下级做好三件事再来敲上级的门：第一，必须思考、讨论过；第二，要拿三个以上的解决方案：主方案、备选方案和应急方案；第三，要有这些方案的优劣比较和评估。必须做好这三件事再去敲上级的门：上级领导，现在我们碰到了一个问题，关于这个问题我们讨论过；拿出了A、B、C三个方案；我们分析了每个方案的优点和缺点是什么，最终建议采取B方案，但有可能会发生什么样的问题和副作用，所以需要采取什么样的补救措施，请领导明断，给予指示。

这才是职场人面对的真正困难和问题，面对工作职责内的工作应该要怎么做，把工作做好、做完美，胜任岗位职责，就必须把自己的问题猴子处理好，实现工作的高效率。

第四节　职场生存的十大潜规则

有人的地方就有江湖，也就有摩擦和纷争，就需要有规则和潜规则。同样，职场生存也有一些隐秘不外传的潜规则，只有职场老鸟才能心知肚明、轻松驾驭。从学校刚刚进入社会的职场小白一开始会有一点懵圈、不知所措，会有半年左右的断奶期、失落期或适应期。为了尽快适应社会的职场环境，职场小白们还是需要对这些职场规则进行细细揣摩，认真领会其中的奥妙，帮助自己少走弯路，以免发生"一失足成千古恨"的人生悲剧。其实，这些基本道理只有在职场上撞得头破血流、伤痕累累时，才能感悟出来，这本应该就是职场的生存之道。即使是一些职场老人也常常犯类似的错误，使自己陷入尴尬境地。大家可以悄悄地自我检讨一下，在以下十个方面，你有没有触礁过？

一、与上级保持良好的关系

职场小白要尽可能寻找或创造机会与上级接触、交流，让上级知道你是谁，了解你的个性和才华，知道你能够胜任哪些工作。与上级多问候、多交流、多请示、多汇报。记住：有工作难题向上级求助时，必须多问选择题，少问判断题，不要问问答题。取得上级的信任、欣赏，才是你未来晋升的第一步阶梯。假如上级都不认识你、不了解你、不信任你、不赏识你，一旦机会来临，上级如何给你发展晋升的机会？别忘了，上级领导的工作有一项核心职责就是在本部门挖掘和培养未来可用的储备人才。只有入了上级的法眼，吸引了领导的眼球，才会有后续的精彩故事发生。

二、与同事相处的人际关系也一样重要。

职场小白在成长初期要勤快、努力、和气、不挑活，迅速取得同事们的好印象，否则初期造成的坏印象可能会后患无穷，例如，被动地背上很多黑锅，还无从辩解，因为大家一致认为你就是那样的人。平时要愿意给同事顺手帮个小忙，最好是让他们感觉你愿意付出、很努力、很热心，让他们感觉到你帮忙的这件小事情对他们很重要，起到四两拨千斤的效果，迅速增进同事之间的感情。但要小心落入一个陷阱，如果你太好说话，愿意给任何人帮任何忙，形成习惯了，大家可能会把你当作店小二一样随便使唤你，你就成了部门的软柿子，让人随便捏。所以，如果你发现有这种趋势，而且你已经无法接受，就需要学会委婉地拒绝、温柔地说不。委婉拒绝的关键要点是语气很温柔、态度很坚决。其标准话术如下：①不好意思，我很想帮你，但是……所以这次就很抱歉了，下次有机会一定会补上的；②在正常情况下肯定是没有问题的，可是现在的情况是……所以没有能够帮到您，不好意思啦，万分抱歉。如何做一个同事认为的里面有硬骨头的软柿子，即外柔内刚，需要掌握好火候，也需要高超的人际交往技巧。

三、小心自己的负面情绪

在工作场合、公开场合和部门里，包括自媒体和微信群等媒介里，任何情况下都不要表露出你的负面情绪和抱怨情绪，不要发布让领导难堪的反动言论，尤其是对上级和公司的负面评价、抱怨，甚至攻击和反对意见。如果个人有想法和不同意见，可以做成书面报告和建议方案，并找个合适的机会与上级私下沟通。我们就是上级的军师、参谋，给上级多提供几个可选择的建议和方案，让上级做选择和判断。不要在会上、公开场合唱对台戏，也不要在私下场合抱怨、反对。不要做部门的黑暗病毒源，要做积极的阳光播撒者，因为每次磨难和委屈可能都是组织对你的试探和考察，也能够看得出你的品格和为人。

四、小心附和他人的反对意见

对于别人对上级或对公司提的公开抱怨、反对意见或攻击，即使你有同感、能够理解，也不要轻易公开表态和表示支持，最好表示劝解和调解，化解矛盾和误会。实在不行就只能保持沉默，不要把自己陷入不必要的人际纠纷中。请记住：你的每一句公开反对和抱怨附和，都会被记入账册。上级那里通常会有个小账本（工作台账），大小事务都会被记录下来。你喜欢上级记录你的正面表现，还是负面的差评？

五、沟通和交流的技巧很重要

向上级汇报工作是大学问，有成绩时要突出成绩，没成绩时尽量多说亮点，先说上级领导有方，再说团队的协同作战，重点突出说自己的关键表现。不要主动隐藏自己的成绩和才华，也不能让自己的光芒盖过上级。向上级汇报工作问题时一定要附带多个解决方案，并陈述自己的独立思考和想法，提出自己经过优选后的建议。即使事情搞砸了、做错了，也要展示努力的过程和勇于担当的姿态，说明实际情况，解释现实真相，得到上级的谅解，不推卸责任。在会议上发言必须做充分准备，努力做到有内容、有条理、有逻辑、有深度。

六、定位好个人格局、胸怀和态度

让大家看到，你认真、敬业、负责任，有学习和钻研精神，能吃苦、肯吃亏，不抱怨、不尖酸，顾大局、讲原则，不贪小便宜，做人有情商，做事有担当，利益不计较、任劳任怨、服从安排。其实，在上级的心里、在每个人的内心都有一杆秤，每个人的工作风格和人品，领导心里、大家心里都明明白白。

七、尽量与上级和公司保持在同一战线上

认真读懂和领会公司的企业文化，了解老板和上级的三观和爱好。想在公司继续发展下去，就需要尽量靠近公司和上级的价值观，与他们的共同爱好相似，看一些上级喜欢的书籍，读懂上级。如果公司和上级的价值观完全背离你的观念，令你无法接受，那么开始准备简历吧。

八、确保自己的业务水平至少在良好以上

业务水平在中等以下的基本不算人才，对于组织和上级而言，这类人没有太大价值。一个可有可无的庸才就是一个打酱油的角色，很难有晋升机会。

九、与公司或部门的基层元老们保持和睦

与他们不用太亲近或太疏远，保持亲疏的等距外交。他们是公司的八卦中心、小道消息来源地，疏远了他们可能会被中伤。

十、认真研究本公司及部门的用人和晋升逻辑

职场小白要研究在本公司普通人被重用的逻辑是什么，研究组织文化、用人导向和喜好等，如办事能力、为人处事、八面玲珑、搞定业务等，然后再对症下药、勤学苦练。通常的情况是，必须有创造价值的能力，又有较好的与上级和团队协同、配合的能力，这两种能力缺一不可。

第四章　时间与效能的管理

中国人的时间和效率管理在国际上被评价有两大方面的误区。第一，中国人不守时，没有时间概念；第二，中国人常常讲效率的概念，而不是效能的概念，主要讲完成工作的速度和数量，而不太注重工作的价值创造。

第一个时间管理误区是中国人常常会迟到，没有时间的概念。有"十分钟"现象，例如，下午两点钟公司通知开会，大概两点十分人才可能会到齐，然后两点十分或十五分才可能正式开会。

第二个时间管理误区是过分追求速度和效率，却丢掉了效能概念。在一些沿海发达地区（如深圳、上海）或一些优秀的企业，企业的干部和员工是比较守时的，可是在守时之后，他们对时间管理的理解常常还是效率的概念，就是做事的速度要快，手脚要麻利，要干净利落，效率要高。所以，在时间的管理方面，中国的员工和干部都需要加强。

第一节　时间价值与损耗杀手

一、时间的价值

请大家思考一下，你有多少资本呢？你的车子、房子、票子、存款、股票等，这些都是你的有形资产。但我们很容易遗忘的资产就是"时间"，所谓"年轻不怕贫穷"。

时间其实就是人生最大的资产，可是它很容易被遗忘，爱因斯坦说："在一切与生俱来的天然赠品中，时间最宝贵。"年轻人通过努力可以把时间转化为财富，把时间转化为生产力。

在人生中时间是最公平的，上帝给每个人每年 365 天，每天 24 个小时，这是很公平的，可是每个人的时间产生的价值却不一样，所以我们要掌握时间、活在当下，要掌握和珍惜今天宝贵的时间，不断学习、成长、进步、努力、行动，以达成人生价值的提升。

二、时间管理的谚语

在中国的古代和现代，有哪些时间管理的谚语、名人名言或俗语呢？比如，关于时间很重要，大家会说："一寸光阴一寸金，寸金难买寸光阴。""时间就是金钱，效率就是生命。"还有人讲时间管理的计划性很重要，"工欲善其事，必先利其器"，或者说"磨刀不误砍柴工"，行动之前需要做好充分的计划和准备。

古语还说：一年之计在于春，一日之计在于晨。有人把这句话修改为"一年之计在去冬，一日之计在昨夜"。昨天晚上你就应该把今天一天的工作时间和规划下来，一年的计划在去年冬天就应该已经规划好了，等到今年春天已经来不及了。所以，计划、规划一定要提前。

当然，时间流逝的速度非常快，时间很不容易被抓住，我们就需要珍惜时间。比如，"白了少年头，空悲切""白驹过隙""子在川上曰，逝者如斯夫，不舍昼夜"。时间如江水滚滚向前，不会被阻挡，不容易被抓住。关于时间管理，还有很多的名人名言。鲁迅先生说："时间就像海绵里的水，只要愿意挤，总还是有的。"鲁迅先生还说："我哪里是什么天才，我只是把别人喝咖啡的时间都用来学习和读书罢了。"可见，时间非常重要，我们要懂得时间的真正价值。

三、人生价值的柯维实验

关于时间和效率的管理，其实就是我们应该如何更好地运用时间以创造人生的最高价值。美国管理学家柯维曾经做了一个"柯维实验"，调查人们在生命的终点，即死亡前的一段时间，会选择做什么。比如，假如我的人生还有 10 年的时间，我会选择做什么？假如我还有 1 年的时间、1 天的时间、1 个小时、10 分钟、5 分钟甚至最后 1 分钟，我会选择做什么？显然，每个人的答案是不同的。

我们也做过一个小小的游戏试验，叫"泰坦尼克号"：生命中的最后 5 分钟。"咚咚咚！"船长突然叫道："泰坦尼克号现在撞上了冰山，最后还有 5 分钟就要沉船了，5 分钟之内请大家写一个遗嘱，你一生中最后想做的 5 件事情。"还有 4 分钟请划掉 1 件，还有一分钟请只剩下 1 件。那么，生命中最后的 1 分钟，你会选择做什么？当有人告诉你，你离生命的终点还有 20 年、30 年的时间你最渴望得到什么？有人说：

"我要得到荣誉，我要得到金钱，得到财富、地位、名利等等"有的说："我想组织一个家庭。"可是假如还有一年时间，你想做什么？有人说："假如我还有一年的时间，我就不工作了，我要跟我的家人在一起，我要游山玩水，很多地方我还没有去过。"假如还有一个月时间，还有一天，还有最后一分钟呢？不少人说："如果还有一天时间，我就跟家人和亲爱的人在一起。如果还有一分钟时间，我就给家人发个短信：永别了，我永远爱你们！"

我们发现"柯维实验"有一个很有趣的现象，那就是离生命终点越近，人们想做的事情与金钱越无关，而离生命的终点越远，人们头脑里想的几乎全是钱。所以，金钱是不是常常阻碍了我们的视线、阻碍了我们的目光、阻碍了我们的智慧？人生的价值到底在哪里？电视剧《士兵突击》中"许三多"就告诫我们说，人活着就要做有意义的事情，有意义的事情就是要好好活着。人要好好活着，就要创造更多的人生价值，可是我们的时间总是感觉不够用。

四、不能以忙碌为荣

中国人在实际管理方面有一个很不好的习惯和思维就是，常常以忙碌为光荣。有时候中国人见面会问："最近在忙什么？"大家津津乐道地说："忙死了，真的很忙，太忙了！"中国人以忙碌为荣，越是有成就的，越是有地位的，越是"白骨精"人士，越是号称自己非常忙。中国人以空闲为耻辱。你怎么会没有事情做呢？没有事情做就代表你不成功！越成功的人就越忙碌，我们以忙碌为荣。中国的"成功人士"貌似都是西装革履，打着领带，穿着皮鞋，夹着公文包，步伐匆匆的样子。可是国外的成功人士穿着休闲服，穿着运动鞋，端着一杯咖啡，很悠闲地享受生活。

所以，我们常常需要去认真检讨，人生的价值到底是什么？难道就是忙碌一生吗？还是停下脚步好好地思考：我的人生价值、生命价值和家庭价值应该是什么，是哪些因素阻碍了我们，让我们感觉到时间不够用？

五、时间损耗的外部因素

下面探讨一下损耗时间的因素，寻找工作和生活中损耗时间的主要原因。我们把损耗时间的原因分成两大类，第一类叫外在的因素，第二类叫内在的因素。

所谓外在的因素就是电话的干扰、不速之客、沟通不良、资料不全、文件复杂、工作搁置等。现在有越来越多的人开始有手机依赖症，每天一睁开眼睛就开始刷手机，一上班就手机、电脑都挂在网上，一有微信消息和邮件来马上就打开看，一有电话铃和手机响马上就要接,其实有很多电话是推销电话和干扰电话,大概只有百分之二三十较少的部分才是非常重要的电话。当我们正在进行工作的时候,如果来电话就立即接听,就属于电话干扰。工作中常常有不速之客、推销或闲谈这种干扰性的因素打断了我们的工作,我们重新再恢复工作,恢复到原来的思路和状态大概需要8～10分钟,所以各种干扰因素影响了工作效率。

沟通会影响到工作效率。沟通首先要完整,第一次就要把话讲准确、讲完整,第一次做好之后,每次都要做好。沟通的过程中有很多障碍,我们想把话讲清楚、讲明白就很难,常常是词不达意:心中的感觉汹涌澎湃,可是语言却很苍白,嘴巴无法表达出来。此外,别人讲话我们也要听得完全明白、理解得很准确,完整、准确地理解对方的意图也是很困难的,所以沟通工作常常存在着信息漏斗现象,即信息在不断地衰减。沟通不良的现象、发出信息和接收信息的障碍会导致我们一开始听不明白,采取错误行动,会耽误时间,需要反复地花时间去进行核对,再去采取行动,结果发现在时间方面造成了很多的浪费。信息资料不完整,计划准备不充分,开始工作时受到很多干扰,文件过分复杂,需要左请示、右汇报,这个审批、那个审批,包括工作过程中的搁置,都会带来很多的问题。

六、时间损耗的内在因素

外在因素的干扰是不可控制的,是外来的一些干扰因素让我们的工作效率在降低。内在的因素是我们自己的原因,怨不得他人。我们自己在时间管理方面存在哪些耗时的因素呢?比如,计划的欠妥、事必躬亲、条理不清、缺乏自律、无力拒绝、做事拖延等。

例如,在开始工作之前有没有做好完整的计划,有没有经过慎重和周密的思考,有没有做好充分的准备?中国古人说"三思而后行""谋定而后动",就是这个道理。可是现实中,中国人常常会突击上马、匆忙行动,这样的匆忙行动之前并没有进行充分的思考酝酿和计划,而且往往只有一个计划,计划不完整就急于采取行动,这显然是有问题的。所以,我们常常建议:要有三个计划,然后行动,三思而后行,要有多个可供选择的方案才开始行动,要有主计划、预防计划和应急方案。否则,如果我们碰到一些意外突发事件,恐怕就无法招架,灾难就可能会发生。

另外,由于我们对工作任务的核心职责、衡量标准和重要性理解不清,所以做了很多不该做的事情,浪费了时间。例如事必躬亲、亲力亲为、鞠躬尽瘁等现象。我们常常花了很多的时间,在做一些琐碎的杂务,甚至在替下属员工做一些过去我们很擅

45

长、很喜欢的工作，但是这些工作可能并不是我们的重要工作和核心职责。我们常常在替别人做很多不该做的事情，结果耽误了很多的时间，而自己的核心职责、该做的工作却常常没有做。

根据专家的调查研究，在职场人的普遍误区里，有百分之七八十的现象是"不作为"，即职场人应尽的责任没有尽到、该做的工作没有做到。为什么该做的工作没有做到？是不是他们不愿意做呢？研究者发现并不尽然，有很多职场人主观上是愿意把自己的责任尽到的，但是工作太忙、时间不够。那么他们的时间跑到哪里去了呢？原来他们去做了很多不该做的、日常的、琐碎的、常规的事务。琐碎的杂务就像爆米花一样，充斥在工作时间里，使我们迷失目标和方向，使我们深陷泥潭、陷入沼泽，结果是只见树木不见森林。很多的管理干部每天忙忙碌碌，每天的工作的确很忙，但是工作效率却很低。很多干部反映说每天都要加班加点，常常要加班到七八点甚至八九点，好不容易工作忙完了，收拾完了以后可以下班回去了，站在办公室门口回头一想：今天都干了些什么？想不起来了！从早忙到晚，忙碌了一整天，却想不起来自己到底忙了些什么。每天要都找到忙碌的感觉，却没有去思考我们的工作价值在哪里，我们的绩效结果在何方。

时间损耗的内在因素里还包括条理不清，比如，办公文具和物品没有规划，没有放在固定的一个地方，也包括我们工作的思路可能会条理不清。办公环境也需要整理、整顿、清扫、清洁，现在又加上安全、节约和资讯保密。为什么需要这样去做呢？文件要定置归位、整理归档。可见，在工作场所所有物品都需要条理化。

另外，工作也要讲究逻辑性、急迫性，防止缺少自律、发生拖延现象。人类有一个现象叫最后的一分钟，就是不断地拖延，一直等到火烧眉毛、迫在眉睫，才会去应对。过去美国联邦快递有一个广告词说，为了您的最后一分钟，为了人类的最后一分钟。人类的最后一分钟现象是什么意思？大家觉得时间还早呢，不用着急，一直会拖到迫在眉睫才开始行动。可是当我们开始行动的时候发现，时间已经不够了，所以就只能匆忙应付、草草了事，所以有很多工作结果的品质就不是很高，也严重影响了成果价值或者团队绩效。

人性常常是缺少自律和贪婪的，通常会贪多嚼不烂。就像很多小孩子写作业一样，一边戴着耳机听着音乐或者看着电视，一边写作业，所以家长常常要求孩子要专注、要聚焦，在一段时间里认真做好一件事，高效率地把一件事情做完，然后再去做别的事情。所以，我们可以跟孩子说，你花 40 分钟把作业做完，做完以后再去玩 40 分钟，而不是要花 80 分钟一边看电视一边写作业。所以，更好地专注、聚焦于工作本身，不要拖延和分散注意力，能够掌控好工作时间和效率，这一点非常重要。

中国人还有一个坏习惯就是不好意思拒绝别人。当别人给你提一些要求，有些是合理的，也是我们的职责，我们就应该尽量提供协助。如果说是不合理的要求呢？有些是好心好意，但是对你的工作没有任何帮助，应该怎么办？我们常常不好意思拒绝这些干扰因素，不好意思向同事、向周围人说"no"，结果就会导致时间不断地被打断，降低了工作效率。

针对这些时间的杀手和损耗时间的因素，职场人应该要怎么办呢？我们接下来进一步探讨。

七、效率和效能的概念

职场人需要了解时间管理中效率和效能的概念。中国人最大的问题就是动不动就讲"效率"二字：张三工作很有效率，李四的工作效率非常高。效率的含义就是速度快，以快为胜，比较注重速度。

假如非洲大草原上的狮子和羚羊在清晨同时睁开了眼睛，脑海里闪过同样的一个念头——我今天要跑得比过去更快。狮子想："我要跑得比羚羊快，否则就要活活饿死。"羚羊想："我要跑得比狮子更快，否则我们就会被狮子吃掉。"体育运动、体育竞赛就常常是以快取胜。冠军和亚军之间可能时间只差 0.1 秒，但是冠军和亚军之间的奖金却差了很多。奥林匹克的精神是更高、更快、更强，其中就包含不断地突破速度的极限。跆拳道讲究心快、眼快和手快，就是动作要快。日本人认为，人中豪杰、优秀的人士就是动作要快，其中有六快：说话快、思考快、走路快、吃饭快、做事快，甚至上厕所动作也很快。如果动作慢吞吞，当然就是效率不高，就难以成为成功人士。中华武术秘籍认为：百发有百解，唯快招无解。速度快就是中国人追求时间管理"效率"的概念。

很可惜，在现代管理学里仅有"效率"就不够了，应该还要有"效能"。如果时间是速度快的话，那么效能就是多、快、好、省、满。什么多？数量多。什么快？速度快。什么好？品质好。什么省？成本节约。仅有数量多、速度快是不够的，应该还要品质好、成本节约，而且内外部客户都满意，即多、快、好、省、满。

就像现在中国的国民经济发展一样，仅仅是 GDP 的发展速度快，超过 8%～10% 是不够了，现在的要求是又好又快。在质量好的基础上，能够尽量快一些。那么，是好第一，还是快优先呢？我们首先要把好放在前面，这就是效能的概念。如何去理解效能这个概念呢？它就像是时间性价比一样。我们去买家电、买一些大宗的物品，比较注重的是这个物品的性价比，而不仅仅是价格高低。我们去买汽车，注重的恐怕不是汽车的价格，而是汽车的性价比。效能就是单位时间内的价值和回报。单位时间内的价值非常高，它的回报非常大，这才是现代管理要求的效能。所以，很多的政府提出要进行"效能革命"。美国管理学家柯维曾经写过一本书叫《高效能人士的七个习惯》，他谈的是高效能人士，而不仅仅是高效率。

八、健康、理财与时间

我们要不断地创造人生价值，创造工作绩效。只可惜大部分人在身体健康、财富金钱和人生时间这3个因素之间比较重视的顺序是，第一，身体健康，第二，金钱财富，比较容易忽略的是时间。假如我们的健康缺失了，现在身体有疾病了，但是我们有足够多的钱，有足够多的时间，那么有没有可能会把健康重新找回来？答案是有可能的。假如没有钱，但是有健康和足够多的时间，那么有没有可能会把金钱财富重新找回来？答案应该是有可能的，因为年轻人不怕贫穷，有的是时间。假如在死亡的一刹那，你还有一秒钟时，你有健康，也有足够多的钱，请问能不能购买两分钟，有人会卖给你吗？时间无法买卖，可见时间非常重要，花多少钱也不能把时间买回来。但是，现实的情况是，绝大部分人重视生命、乐于理财，却比较容易疏忽时间管理。

九、时间与效率曲线

在人们一天工作生活的时间里，按照精力和思考的思维效率高低，画出时间精力曲线，即时间与效率曲线。比如，我们早晨六七点钟起床，起床了以后每个时间段效率怎么样呀？假如8点半上班，一直到5点半下班，我们按照每一个精力大小和时间效率高低，把效率曲线画出来，得出每个人的时间与效率曲线。研究结果发现，时间与效率曲线可以把时间精力分成A、B、C三大区域。

A区就是精力很旺盛的阶段，称之为巅峰阶段。B区就是中等阶段。C区就是低谷期，比如，中午吃完饭以后，就会有点犯困，想要打瞌睡，这个时候思维的效率会比较低，做事的效率也会低一些。所以，我们在不同的时间段要去做不同的工作。我们建议，在时间精力最巅峰的A阶段要去做最重要、最有价值的工作，在B阶段应该去做一般的工作，在C阶段要去做那些日常、琐碎、常规的例行工作，比如，吃完饭想打瞌睡，就可以做一些整理资料、收拾文件等例行工作。所以，建议上午时间精力非常好的时候，不要开会，除了开很重要的会。我们建议，一般的会议可以放在下午两点钟左右开，因为这个时候人最容易打瞌睡。想打瞌睡的话，大家不如到会议室去打瞌睡吧。

这就是时间曲线 A、B、C 的平衡法，请大家回去做家庭作业：从早晨起床一直到晚上睡觉，把你一天中包括工作和生活所有的时间曲线都画出来，看一看每天时间效率中最巅峰的是哪个时间段，最低谷、效率最低的是哪个时间段。当然我们需要强调的是，所谓的时间管理，指的不仅仅是工作上的时间，还包括生活上的时间。在工作的 8 小时之内，我们需要不断提高工作价值，在 8 小时之外我们需要提高生活的乐趣和生活价值。

汇总一下，到底什么叫时间管理呢？时间管理简单地说就是人生价值最大化。时间管理不仅包括工作时间，也包括生活时间。工作和生活要平衡，学习和家庭也要平衡，所以时间管理要包括工作时间和生活时间，能够提升人生整体的价值，这就是职场人应该掌握的时间管理。

第二节　时间管理的发展阶段

一、时间管理的四个发展阶段

第一阶段是加班和备忘。把时间简单地增加和使用备忘录。那就是在 8 小时之内我们的工作来不及做，怎么办？那就加班加点，通过延长工作时间来完成工作。或者把所有的工作都记下来，做完一件划掉一件，这个工具和方式称为备忘录，有时也称它为工作清单。

第二阶段的时间管理是工作计划和时间表。即规划用不同的时间段来完成不同的事项。比如，8 点到 9 点做什么，9 点到 10 点做什么，今天做什么，明天做什么，上午做什么，下午做什么。在每一个区间或每一个时间段去规划做不同的工作事项，这个方式就是工作计划或者时间表。

第三阶段的时间管理是排列优先顺序以追求效率。当工作越来越多，多到了在固定的时间里没有办法全部完成，或者即使完成，也要排列先后、优先顺序。甚至不可能全部完成所有的工作，需要对这些工作做取舍，要保住、完成一些任务，要扔掉、舍弃掉另一些工作任务。我们先做哪些工作，然后再做哪些工作，最后放弃哪些工作？这个时候我们就进入第三阶段时间管理。

第四阶段的时间管理是以重要性、价值性为导向，以目标和结果为导向的。一切以目标、以价值、以结果为导向，每一分每一秒都要做最重要、最有价值的事情。

二、第三代时间管理

第三代时间管理应用比较广泛，即按照工作事项的轻重缓急排序。应该如何来进行排序呢？假如有一个时间管理的坐标系，重要性的坐标为横坐标，紧急性为纵坐标，就可以很清晰地划分出重要性和紧急性的不同工作任务。把所有的工作任务划分到 4 个象限中：A、B、C、D。重要又紧急的为 A，重要不紧急的为 B，紧急不重要的为 C，不重要不紧急的为 D（图 4-1）。

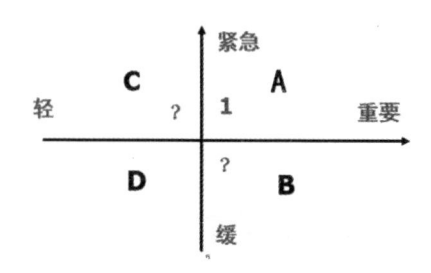

图 4-1　第三代时间管理

我们应该先做哪一个象限的工作任务呢？很显然，首先选的是 A 象限。A 类工作重要又紧急，其实 A 的工作有两大类工作任务：第一类叫危机突发事件，就是突然发生的、很严重的危机状况，如汶川大地震、某个地方发生大暴乱或者其他严重的天灾人祸等；第二类工作叫计划中的重要工作。比如，2008 年 8 月 8 日晚上 8 点的北京奥运会开幕，全世界各个国家的政要和领导人受邀参加。假如到 8 月 7 日，要不要到北京参加奥运会开幕式呢？显然是必须来的，这就是计划中的重要工作。这不是突发事件，这是预料中的，到了这个时间点一定要来做的工作。所以，紧急又重要的 A 工作分为两大类，一类是预料之外的，一类是预料之中的。预料之外的是紧急的突发事件，预料之中的则是计划中的重要工作。

接下来排第二位的应该是什么工作呢？是选重要不紧急的 B，还是选紧急不重要的 C 呢？这里有一个两难之处。比如，我要选 B，B 是重要的，当然要优先做，可是 B 却不紧急，不一定今天要做，明天也可以做，下个礼拜也可以做，下个月还可以做。有人选 C，因为 C 是很紧急的，就需要优先做。可是其忘记了 C 是不重要的。做了一大堆很紧急的工作，可是意义和价值却不大。请问 B 和 C 之间，你会选哪一个呢？

管理学家的建议是选 B。我们把 B 工作放在第二位。

三、延长性分析优先做 B 类工作

怎么去理解应该优先做 B 类工作呢？我们来做延长性分析、拖延性分析。假如 B 和 C 的工作同时都在不断地拖延下去，看看它们的发展趋势是什么样子？B 的工作不断被拖延，请问 B 的工作重要性会有变化吗？重要性没有太大的变化。B 的工作在一定的时间里重要性是相对稳定的，应该不会有太大的变化，那么 B 的工作不断地被拖延下去，它有可能会自动消失吗？答案是不会。B 的工作被不断拖延，它仍然在那里，只是随着不断地被拖延，它会变得越来越紧急。最后 B 类工作会以 A 类的突发事件形式，像一颗定时炸弹炸出来。所以，B 类工作如果不断地被拖延，就会逐步演变成突发事件和重大危机。

如果 C 类工作不断地被拖延下去会有什么样的发展？如果 C 类工作被拖延，它的重要性会有很大的变化吗？应该不会。如果 C 类工作不断地被拖延下去，它有可能会消失吗？有可能。为什么？因为 C 类工作是有时限要求的。例如，下午 3 点到 4 点，行政部或工会组织慰问抽奖活动，参加抽奖就有一袋洗衣粉。如果 4 点钟之前你还有别的工作被拖住了，不能够及时赶到那里去抽奖。请问，工会会不会等你？不会等你，他们照样进行抽奖。可是过了 4 点，这些工作还在吗？过了 4 点之后这些工作可能就已经不在了，可能会消失了。但是它不是平白无故地消失，你经受了一定的损失，即损失了一袋洗衣粉，但是这些工作已经不在了。所以，C 类工作不断地被拖延下去，你可能要付出了一定的小的代价。过了时限这些工作就已经消失了、不在了。所以，B 和 C 的排序，专家建议把 B 放在前面，把 C 放在后面。

四、冲突性分析优先选 B

假如 B 和 C 之间有冲突性，我们对两者进行冲突性分析。比如，着火了，现在你有一分钟的时间逃下楼去，你可选择的东西有很多：孩子在床上哭，洗衣机还在洗衣服，电视里还放着节目，冰箱还开着，抽屉里还有很多存折、银行卡和金银财宝，你现在可以带一样东西下楼，你会带哪样东西下楼呢？当然你可能会选择把孩子抱下楼。因为危急关头，孩子比财富和存折更加重要。所以，当我们无法选择的时候，在一定的时间里无法去做更多的评判的时候，我们会以价值和重要性为准则来加以选择。

五、第三代时间管理在实际工作中的应用疑惑

第三代时间管理的排序是 A、B、C、D：第一，要做的是 A 类事项，重要又紧

急；第二，要做的是B类，重要不紧急；第三，要做的是C类，紧急不重要；当然不重要、不紧急的D类就放在最后面了。

也有人曾经建议，时间排序理论上是这个样子，但是我们的实际工作恐怕不是这样，一个中层或者基层工作者是有很多的C类工作需要做的。不是说放弃就可以放弃的。那么，我们这样行不行？我们先控制住B，在B不变成A的前提下我们先把C做完，估计C也不需要花太多的时间，因为今天就要做，尽管不重要，但是很着急。B没有关系，今天不一定要做，可以先放一放。我们先把C做完以后再回过头来按部就班地做B，这样是不是可以呢？这样做，我就可以把C和B这两类工作都兼顾到，两全其美、兼而有之，岂不妙哉？对此，很多人都同意，认为应该是可以这样的，可以得到一个双赢兼顾的结果。管理学家进行了实证研究，最后得出的结果令人遗憾：不可以。为什么呢？那是因为如果我们花了很多的时间去做C，就可能会导致B没有时间做，让重要不紧急的B不变成突发事件A的这种假设前提是不成立的，因为单个C的工作可能不需要花太多的时间，可是你忘记了C类的工作数量非常多，而且C类的工作有一个特征，野火烧不尽，春风吹又生，你做完了C，又会产生无数的C，这些C类工作越来越多，你该怎么办呢？因为你希望把C工作做完之后再做B，可是你能够把C工作都做完吗？

C类工作根本就是做不完的，永远都做不完。所以，这些琐碎、杂务类的工作会把你的整个工作时间淹没掉，将你所有的工作时间全部都填充满，让你无暇思考组织的战略目标，忘记或模糊了战略目标和核心职责，像默默劳作的毛驴一样，每天都在蒙着眼睛转圈圈，却忘记了抬头看方向。这就是很多职场人的形象，只见树木不见森林，每天忙忙碌碌，但工作价值却不高，每天都在盲目地四处救火，却到处都在发生纰漏。其根本原因之一就在于时间管理的排序是有问题的。人们习惯于把紧急的事情优先做，慢慢地就丢掉了重要的事情。

根据管理学家50多年来研究的成果，第三代时间管理的时间排序：第一个要排的是A，重要又紧急；第二个要排B，重要不紧急；第三个排C，紧急不重要；第四个是D，不紧急不重要。

六、第四代的时间管理

A类工作、突发事件为什么会那么多呢？是因为哪一类工作没有做好才导致的呢？当然是因为B类工作没有做好。如果B类工作被耽搁了，就会发生越来越多的A，所以到了第四代时间管理，代表紧急的这根纵轴就被拿掉了，它就变成了只有一根轴：重要性和价值性。这就是第四代时间管理。

第四代时间管理只有一个衡量指标，那就是重要性和价值性，不存在紧急性标准，即使有紧急性，我们也要首先衡量其重要性。所以，每一分每一秒都要做最重要的工作。在经理人、职场人的头脑中应该只有一个衡量工作的指标，即重要性和价值性，而没有紧急性的指标。

第四代时间管理的观念认为，优先要做的是最重要的工作，越重要、越有价值的工作我们一定要优先去做，就不会出现很多很紧急又很重要的突发事件。如果出现了重大的突发事件（除了不可抗拒的之外），就说明重要不紧急的工作或很重要的工作被你丢到了一边，这就是你的不作为，说明你不是一个称职的职场人。

既然 B 类如此重要，就应该优先排序，那么从工作时间的分配上来看，应该怎样进行分配呢？

七、第二象限工作法

管理专家建议，应该把大部分时间花在很重要但是不紧急的工作上，即用 65%～80% 的时间去做很重要但是不紧急的工作，这在管理学上称为第二象限工作法。职场人应该花更多的时间和精力聚焦于那些最核心的工作和岗位职责。那么，第一象限重要又紧急的 A 类工作又要花多少时间呢？专家建议需要花 20%～25% 的时间，即用大概 1/4 或者 1/5 的时间来做 A 类很重要又很紧急的工作。

第三象限 C 类是很紧急但不重要的工作，可能需要花 15% 左右的时间来应对和处理。对于不紧急不重要的第四象限 D 类工作就不需要花时间了，把它直接扔掉。

八、A 类工作是否越少越好

大家可能会有一个疑问，那就是 A 类工作是突发事件，不是应该花的时间越少越好吗？花 1%～5% 的时间做 A 类工作不行吗？突发事件不是越少越好吗？如果没有突发性事件的发生，不是说明我们的工作很好吗？A 类工作为什么要花 25% 的时间呢？

请大家思考，A 类工作其实包括两大类的工作任务，第一类是重大危机和突发事件，第二类是计划中的重要工作。一个团队的领导人、职场人除了突发事件之外，还有其他重要的工作安排。突发事件当然是越少越好，可是除了突发事件之外，还会有计划中的重要工作。你在工作中还有没有一些核心职责和重要工作呢？这是肯定的。所以，你还需要花 20%～25% 的时间去做那些很重要又很紧急的工作。因为在你的工作时间里需要有那些计划中、预料中的很重要、很有价值的工作。

这就是关于 A、B、C、D 四个象限工作时间的分配规律。

九、四象限的具体工作

在A、B、C、D四个象限中，分别有哪些工作事项呢？

哪些工作属于A类工作突发事件？例如，客户的重大投诉、重大的恶性安全事故等，这些就是A类工作。

B类的有哪些工作呢？B类是很重要但是不紧急的工作，例如，不断提升生产力，不断提升产品品质，不断提升员工的素质、培养后备干部，不断学习成长，提升员工质量意识，提升员工的作业技能，这些都是很重要但是不紧急的，很难准确地衡量它，没有很短的限期，也不可能做得很紧急。

C类工作是一些很有趣的活动，比如，推销的电话、紧急召开的并不重要的会议、下午要去参加一个拔河或乒乓球比赛等，这些都是很紧急但是价值不是很大的工作。

至于D类的不重要又不紧急的工作，很多人说："我找不出来D类工作，因为我的工作好像都是有价值的，不可能会有不重要又不紧急的。"但是在上班时间传八卦新闻，是不是属于不重要不紧急的？在休息室几个人一边抽烟一边聊天，一聊就聊了二三十分钟，这是不是属于不重要不紧急的？同事之间嚼舌头、捕风捉影、传小道消息、传谣言，这是不是属于不重要不紧急的？上班时间偷着上网炒股、斗地主等等。这些本来都是不应该做的事情，可是有没有人在工作时间之内做过类似的事情呢？实际是有的。这些事情是不重要不紧急的，应该把它们从工作时间分配中去掉，尽量不要去做。

第三节　提高个人成效

一、艾森豪威尔原则

应该如何应对A、B、C、D四个象限里不同类型的工作？有一个著名的艾森豪威尔原则，艾森豪威尔是第二次世界大战时期美国著名的将军，后来当上了美国总统。他认为对四个象限不同类型的工作应该采取不同的应对策略和管理方法，管理学上称之为艾森豪威尔原则。

面对A、B、C、D四个象限不同的工作事项，我们应该采取什么样的策略？应该如何处理呢？艾森豪威尔认为，面对四个象限的每一个工作，都要同时问自己三个问题。第一个问题是，谁来做？第二个问题是，何时做？第三个问题是，可不可以授权给别人做？

首先看看 A 类，A 类是重要又紧急的突发事件这一类工作。回答一下这三个问题：一是谁做？本人做。二是什么时间做？现在就做。三是可不可以授权给别人做？可以适当授权并严加控制，或者少量控制型授权，例如，需要一些其他人的专业技术或专业技能的支持，就需要少量适当授权。为什么需要别人的支持呢？为什么需要授权给别人？因为 A 类工作有时间的迫切性，需要在一个限期之内完成，时间不够充裕。所以，如果有可能，就需要请别人来帮忙，请其他的单位或部门来支援一下。面对 A 类工作，需要本人做，现在就做，适当少量授权给别人并严加控制。

面对 B 类的很重要但是不紧急的工作，一是谁来做？当然自己来做。二是什么时间做？做完 A 类工作以后，尽可能花大量的时间做 B 类工作。三是可不可以授权给别人做呢？一般不可以，因为这是你的核心职责、非常重要的工作，轻易不能授权。

再来看看 C 类很紧急但是不重要的工作。紧急不重要的工作谁来做？授权、委托给别人来做。如果不能授权给别人做，找不到可以授权和委托的合适人选呢？那就扔掉不要做，或者减少做。实在扔不掉，还需要自己亲自做，怎么办？那就在时间精力曲线里 C 类的低谷时间段来做。所以，面对 C 类工作，可以授权给别人做，扔掉不要做，或者在低谷时间段去做。

至于 D 类的不重要又不紧急的工作，我们就直接把它扔掉不做。

在面对四个象限里不同的工作时，应该采取不同的策略和方法。

二、艾维·李效能法

美国著名的时间管理专家艾维·李提出 10 分钟 6 件事的效能法。他提出，第一个步骤，先花 5 分钟的时间把 6 件事列出来，把下个月、下一周或者下个阶段要做的工作先列出来。

第二个步骤，再花 5 分钟，把这 6 件事按照重要性进行排序，最重要的排 1 号，次之排 2 号，以此类推，然后把这些工作裁成小纸条，1 号、2 号、3 号、4 号、5 号、6 号。

第三个步骤，下一个阶段开始上班就先做 1 号工作，然后做 2 号工作，再做 3 号工作，依次往下做。如果 4 号工作还没有做完这个月就结束了，那么 5 号、6 号工作还做不做呢？那就不做了，因为没有时间了。

采用艾维·李效能法有什么好处呢？这样做可以保证所有的时间、所有的精力都在做重要性排序最靠前的工作。所以，艾维·李说，如果采用10分钟6件事的这种先排序后工作的方法，就可以保证我们所有的时间都是在做最重要、最有价值的工作，所以这种方法，我们不能称它为效率法，应该属于效能法。因为要用尽可能多的时间和精力去做那些很重要但是不紧急的工作，去做那些重要性和价值性很大的工作，当然跟紧急性就没有太大的关系了，所以职场人的时间管理的重要法则就是，每一分每一秒都要做最有价值、最有生产力的工作。

三、时间管理的杠杆原理

在时间管理和效率管理的工作中，还需要掌握一个杠杆原理，即帕累托原理和二八法则。意大利经济学家帕累托发现，万事万物都可以分为重点的少数和一般的多数。他研究发现，很多事物的结果是由少部分的关键原因造成的，也就是说80%发生的结果是由20%的原因导致的。另外，你付出20%的努力，却产生了80%的成果。我们付出努力少，但可能得到的回报却比较高，这就起到了杠杆效果，这个杠杆原理我们称之为二八法则。

职场人在采取行动之前应该多花一些时间来做详细的规划，谋定而后动。我们在做决策、规划和计划的时候，可以多花点时间，就像交通宣传口号一样："宁等三分，不抢一秒。"在计划和规划部分所花的时间，我们完全可以在后续的行动和执行中把它补回来。思考、决策、规划没有花时间认真去做，而是匆忙上马、土法上马，先做起来再说，错了以后再来改正，这种做事方式是有问题的。发生错误后再改正和修正，会浪费很多时间，增加很多成本。所以，管理专家建议：第一次做好，每一次都要做好。

四、帕金森原则

当我们正在做连续不断的工作时，是不可以被随意打断的，我们称之为帕金森原则。因为如果人的注意力每8分钟或10分钟被打断一下，重新恢复到原来的状态需要8～10分钟时间。如果我们正在写一篇论文报告或文章，假如每10分钟被打断一次，大概1 000字的报告可能写一个星期都写不完，为什么？当我们被电话或别的干扰因素打断之后，重新坐在桌子面前，重新恢复到刚才的状态，衔接上刚才的思路，需要8～10分钟的时间，所以外来的干扰因素是非常可怕的。

帕金森原则也叫爆米花效应，工作中有很多琐碎的事务，你不可以让它无限期地拖延，应该设定一个完成的期限。很多琐碎的事务如果不设定期限，就会像爆米花一样，"砰"的一声，1千克玉米可能并没有多少，但是经过膨胀以后，就会变成一箩筐。这一箩筐琐碎的工作会充斥着我们工作的时间和空间，影响到我们的工作，让我们只见树木不见森林，这是很可怕的。所以，要及时设定工作期限，给每一件工作任务都设定完成的期限。如果到了这个期限还没有完成，就不可以无限期地拖延下去，应该马上进入下一个工作。有时候给自己一些小小的限定，给自己一些小小的惩罚或奖励，也有利于我们在设定的限期内及时完成工作。

当然还要掌握好时间曲线的运用，巅峰期A时间段要做A类工作，B时间段要做B类工作，C时间段也要做相应的工作。不同工作的重要性、所需要的思维方式要跟我们的时间精力的效率高低相匹配。

另外，我们每天还需要有15分钟的闭关，我们称之为冷静理智的、独立思考的分析和总结时间段。《论语》中曾子说"吾日三省吾身"，意思是说我每天都要三次反省检讨自己。职场人在日常工作中每天要不断地自我总结、自我检讨、自我反省和自我改进，这是我们成长的必要途径。每天思考和检讨工作失误的地方：哪些工作做得还不够好，哪些工作还需要改进？这样就能够不断成长和进步。

五、二八法则的启发

在生活和工作中有哪些用20%的努力就能达成80%效用的事例呢？例如，读大学的时候有一些大学生可能平时上课不认真听讲，但是到了考试之前就用两三天的时间开夜车、抄笔记，去背诵这些重要的知识点，也能够勉强通过考试，能够考到60分以上，所以有人称60分万岁。他们用两三天的时间就可以考到60分以上，看来他们的学习效率还是很高的。如果要考80分以上，两三天可能就不够了，可能要用两三个星期。假如想要考到90分，则可能要用两三个月。如果要考95分以上，3个月可能都不够，可能整个学期的每一天都要认真地学习，认真地完成作业，兢兢业业、勤奋刻苦，才有可能考到95分乃至100分，这个现象我们称之为时间的杠杆原理。

所以，时间管理的专家就提出一个建议，不用去过多追求完美主义，没有必要做到十全十美。对于一些次要的工作过于求全责备、过于追求十全十美，有可能会导致时间的浪费。当然需要检讨这些工作是不是属于核心职责，是不是非常重要的工作。总之，不是每一件工作都要求尽善尽美，否则就会把我们搞得筋疲力尽，搞得非常的累，工作成效却不高。

六、良好的时间管理习惯

首先，要有时间的概念，可以戴腕表、挂时钟等等。在公司办公场所，如办公室或会议室，要挂一个大时钟，大家都能看得见，公司上下有同一个标准时间。办公桌上放闹钟，办公墙上挂时钟，这代表公司比较有时间概念。

其次，学会抓住点点滴滴的时间，利用碎片化的时间。比如，在地铁上、等候公交车等零碎的时间。香港流行一种小的口袋书，可以放在口袋里面，乘飞机、坐火车时大家都在看口袋书。我们建议大家抓紧点点滴滴、碎片化的时间来进行学习，少看手机，少玩游戏，少刷微信，多多阅读。

过去有个教授做了一个装瓶试验，把瓶子里先装满大的石头，然后再往里面装沙子，之后再灌水，石头之间会有空隙，沙子之间仍然会有空隙。所以，要利用好点点滴滴的时间，提升我们的工作效率。

当然我们还需要养成一个很好的习惯，那就是克服拖延习惯。不要去拖延，按时完成工作任务和目标。

在目标和行动计划里有很多的表单，比如，定目标要符合smart，要制订每天的工作计划、每周的工作计划和每个月的工作计划，以及追踪和检讨表等。在项目管理里用得比较多的是甘特图，那就是把每一个时间段要做的各项工作任务罗列出来，看看每一个工作事项在不同时间点的进度具体是什么样，用线段把开始和结束的时间连接起来，我们称之为行动计划表、甘特图。

七、时间管理的法则

每一分每一秒都要做最有生产力的事；有效授权带来轻松；用金钱换取时间；把重要的事情变成紧急的事情；遇事马上做；第一次做好，次次都做好；明确目标，制订计划，写成清单；设定完成期限；分秒不浪费，工作日志法；业余时间的管理，睡眠、学习和娱乐；专心致志，不要虎头蛇尾；采用节省时间的工具、通信和交通等等。以上是时间管理的一些基本法则。

职场人需要学会授权，尽可能授权，只要有可能交给别人的工作，我们都要尽可能把它授权下去。

把重要的事情变成紧急的事情，把B类的很重要、不紧急的工作变成重要又紧急的工作，放在第一位来做。

要不断行动，行动速度要快，执行力要强，遇事马上就要做，不要去等，等到最后有可能会忘记，甚至会酿成大祸。

第一次行动就要做好，充分准备、充分规划。充分准备、规划和运筹帷幄是"磨刀不误砍柴工"，一开始就做好，免得以后再来返工，再来修正。每一项工作都要设定完成期限，最好能有一些个人的目标承诺和奖惩措施。

工作日志法。工作日志和工作日记有什么不同？"记"是记录，是针对过去的事情；"志"是工作日志，除了对过去的工作做一些记录之外，还要针对未来做一些合理的规划，面向未来。

八、时间管理的承诺

日清日新，每日进步。每天计划，每周检讨。绝不拖延，马上行动。只做最最重要的事情。重要还不够，最重要还不行，是最最重要的工作。利用好每一分每一秒去创造价值，做最重要、最有价值、最有生产力的事情，这也是时间管理最重要的宗旨和精髓之一。

第四节 时间管理的十八法

职场人在实际工作中，应该如何提升时间管理的效率和效能呢？我们给大家总结了十八个方法，称之为时间管理的"降龙十八掌"。具体有哪十八个好的时间管理的策略和方法呢？

时间管理的十八法：①掌控每天；②确定目标；③实事求是；④制定计划；⑤绝不拖拉；⑥管理表单；⑦有效规划；⑧轻重有别；⑨沟通细节；⑩专心致志；⑪合理分配；⑫清理桌面；⑬办公室的5s；⑭减少干扰；⑮管理邮件；⑯管理电话；⑰充分授权；⑱管理会议。

时间管理的技巧和方法很多，如会议管理、授权管理、沟通方式和技巧细节、计划、工作目标和计划表单等。下面介绍其他一些最常见、最实用的时间管理策略和方法。

（1）掌控每天。要掌控每一天。每一天的时间像流水一样很容易流逝，所以要活在当下、掌控每天。要思考：是不是眼前的现实我都已经有所掌控了呢？如果今天的小目标都不能控制，那么我们该如何去控制明天、影响未来？

（2）确定目标。我们每一天都要设定工作目标。要求：月月有目标、周周有检讨、天天有计划，每天都有目标和计划。当然，人人要有梦想，每一个人都要有未来的工作事业和家庭梦想,细化到每一年、每个月、每一天的目标和计划。没有小目标的达成,没有分目标的达成,怎么可能达成长远的、大的目标呢?所以,时间管理就是活在当下、掌握每一刻,掌握分分秒秒,珍惜我们现在拥有的一切。

(3)实事求是。我们还需要实事求是,因为"贪多嚼不烂"。不可以多头并举,要懂得聚焦和取舍。实事求是就是能够知道自己有多大能力,自己有多少技能,有多少资源,才能够做多大的事情。我们在设定目标、设定工作任务和工作量的时候,要求"跳一跳够得着",就是经过努力和全力以赴之后是有可能达成的,而没有必要好高骛远,去制定一些完全不可能实现的目标。

(4)制订计划。计划就是把目标转变为结果和现实的路径。只有目标的空想是远远不够的,还需要有实际的行动,需要有正确的措施、方法和具体的行动步骤。当然,行动计划只有一个是不够的,通常要求有三个以上的计划方案。

(5)绝不拖拉。我们需要按时完成工作,绝不拖拉。把时间限期用粗体字写上,用非常醒目的书面纸条,贴在抬头可见的墙上。每天倒计时多长时间,倒计时还有几天、几个小时、几分几秒,一定不能拖拉。拖延这种惰性是人类与生俱来的天敌,我们要去与其做斗争,承诺自己绝不拖拉。

(6)管理表单。我们还要善于用表单和清单。每天要有行事历、工作计划表,每天要有工作日记,每周要有时间表,要善于利用这些行事历。表单、清单最起码可以做一些备忘,同时要做提前规划。但是中国人大多数不喜欢用表单,不喜欢用表格,不喜欢随手做记录。俗话说,好记性不如烂笔头,用好表单和记录可以提高时间效率。

(7)有效规划。分析思考和合理规划是非常重要的职业化工作。经理人、管理干部与员工最大的工作区别就是,在开始工作之前,有没有进行充分的思考和规划。管理干部要对工作做好充分、提前的计划。

(8)轻重有别。我们还要知道工作安排的轻重缓急,好像十个手指弹钢琴,轻重缓急各不同。要按照重要性排列好每个工作任务的优先顺序。但是,经常会有管理干部"按下葫芦上来瓢",出现顾此失彼的现象。俗话说,擒贼先擒王,打蛇打七寸,我们要学会抓大放小。不能捡了芝麻,丢了西瓜,花了很多时间去做了不少繁杂的琐碎事务,却把最重要、最核心的职责丢掉了。这就非常的可惜了,时间用错了地方。

(9)专心致志。专心致志和聚焦原则就是在一段时间里要把所有的精力聚焦于认真做一件事。第一次就做好,每一件事都做好,一开始就能做好,要懂得聚焦和专注,聚焦和专注以后就会带来简单。但是我们常常会很贪婪,不够聚焦,不够专心致志。所以，美国人说，在一英寸的地方，深挖一英里，讲的就是聚焦。把时间和精力聚焦于某一个点，物理学上有一个聚焦实验，就是太阳光经过凸透镜的聚焦和折射以后，会使火柴秆燃烧起来，这就是能量的聚焦。所以，工作一定要专心致志。

（10）办公室5S。在办公室要学会做5s管理。比如，文具、文件、档案一定要位置固定、分门别类。文件最多不要超过7～8个文件夹，每一个文件夹里的页数最多不可以超过50页，用不同的颜色（如红色、黄色、蓝色等）做标签，上面写着目前最紧急的、目前手头上正在处理的工作，其他是过去的工作、过往的客户、要向上级报告的工作等，把它分成7～8个类别，把文件管理好。此外，要留大概一个月可以使用的文具，如书写笔、橡皮和纸张等。关于文件管理，如果是过去的需要保存的文件，就把它归档，不需要保存的就立刻把它销毁。所以，定期一两个月就需要整理办公桌和文件。我们见到很多同事的办公桌上去年的文件还在，落满了灰尘，一看就知道其工作效能是不怎么样的。

（11）减少干扰。职场人还要学会减少干扰，因为有很多干扰因素，比如，电话干扰，上级会打电话，客户也会打电话，很多推销电话，或者没有预约就来敲你的门，就来找你谈话聊天，等等。处理这些干扰因素一定要向外国人学习——挂免战牌。例如，你去敲他的门，发现他的门上挂了一个"免战牌"，上面写着：对不起，本人下午2点到4点正在从事一项非常重要的工作，或者正在写一份非常重要的报告，有紧急事务请找小王，他的电话是###，如果需要本人处理，需要4点钟以后，我再跟您联络，谢谢！请勿打搅。中国人好意思挂免战牌吗？不太好意思。每天早上8点钟一上班，一直到下班，整天都在忙忙碌碌。上班8小时之内的时间，被不同的人、不同的因素干扰得支离破碎，所以大家很难想象，我们要写一份报告，需要两个小时专心致志写这篇报告，我们可以在上班时间、在公司里面完成。但是假如这份报告明天就需要交，在公司办公室里面又无法完成，该怎么办呢？很多人就把工作带回家做，这恰恰是我们所反对的。如果需要加班，就在公司里面加班，请不要轻易地习惯性地把工作带回家做。下班之后，你的时间是属于家人的，如果把工作带回家，在家里、书房里继续工作，这是对你家人的不公平。这样做可能会长期干扰和影响到你的家庭生活。所以，我们要设法减少这些干扰因素。

（12）管理电话。就是对电话、微信和电子邮件等通信方式要进行规范的管理。电子邮件、QQ和微信等即时通信方式，来一个消息，就会忍不住马上打开看。这样随时看电脑和手机新消息严重影响了工作效率。不可以一上班就挂在网上，除非那些专门以邮件作为岗位职责的人才可以这样做，否则，就没有必要。

每天的工作邮件该怎么处理呢？一般的工作人员一天处理两次就可以了。如果对方给你发一个邮件而不给你打电话，你认为这个工作很紧急吗？可能未必。如果某人想请你吃饭，早上8点半给你发一个邮件，下午6点半请你吃饭，却没有给你打电话，你认为他是诚心请你吃饭吗？只发邮件而不打电话这件事情就说明可能不是很紧急，所以对邮件要进行规范化的定期处理，每天处理一天两次就够了，中午吃饭前花半个小时或15分钟，下午下班前花半个小时或15分钟大概就够了。

电话也需要归类管理。电话怎么管理呢？电话分为打进和打出，打出电话可以进行归类的成批拨打。建议各位每天上午一上班拿一张纸，把今天所有要打的电话都列清单写下来，成批拨打。比如，9点半到10点半之间专门拨打电话，完成一个划掉一个，一定要有书面的记录，上午没有拨通的到了下午继续打。假如你没有成批地拨打电话，没有电话备忘和记录，常常会下班刚刚回到家里，就大腿一拍，哇，糟糕，忘记了打一个电话！明天可能会带来严重的问题。绝大部分人的电话是想一个打一个，很随意，而且没有记录。假如我给小王打电话没有打通，他没有接，下午我可能就忘记打这个电话了，所以好记性不如烂笔头，一定要规范、成批地拨打电话。

那么，接听电话可不可以成批呢？恐怕是不可以的，怎么能决定别人什么时候给我们打电话呢？此言差矣。经过研究分析发现，绝大部分电话来自上级、下级最重要的同事或者客户，总而言之，电话数量也是可以按照二八法则来进行分类的。80%的电话是20%左右的人打来的。那么，可不可以与这20%的人约定一些专门打电话的时间段呢？比如，上级要跟下级约定：每天上午9点到10点之间有事给我打电话，到我的办公室来报告工作。这说明9点到10点上级一定会在办公室。10点到12点之间，如果没有突发事件，没有预约的时间，就不要找上级，上级要从事非常重要的工作。你跟上级约定好，也跟下级约定好，甚至跟你的重要客户约定例行沟通时间，你的客户一定也会接受和喜欢。大家一起来约定好，上午哪个时间段来跟你沟通，下午哪个时间段来跟你沟通，其他的时间段除非特殊情形，不要来找你，不要给你打电话。如果这样做，我们的电话数量是不是可能会减少？

所以，与上下级之间约定好电话沟通的时间段，可以提高沟通效率。针对邮件、电话、微信等，需要进行规范和管理，以提升工作效率和效能。

案例分析练习：

某一个职场人每天忙忙碌碌、疲惫不堪，在某一个星期一，碰到了如下的这些工作，我们分别对这些工作做A、B、C、D的分类，思考应该如何应对，应该怎么办。

第一，阅读报纸、专业杂志和公司文件，一共要用40分钟的时间。请问这个工

第四章 时间与效能的管理

作属于 A、B、C、D 的哪一类？有人说是 A，文件很重要。有人说读报纸是 C，它不重要可是当天的报纸要看。大家要善于对工作任务做分解、做区分、做归类，所以把这个大的工作任务分为三大类，读文件、读专业杂志和读报纸。①读公司的文件对中层经理来说属于 A 类工作，重要又紧急。②读专业杂志属于 B 类，很重要但是不紧急。③读报纸可能属于 C 类，很紧急但是不重要。看一些无聊八卦的新闻和报纸就可能属于 D 类，不重要又不紧急，把它扔掉。所以，对工作事项要善于做分解，做合并同类项。

第二，8 点半到 10 点半总经理召开工作例会，属于 A、B、C、D 哪一类？属于 A，部门经理当然要亲自参加总经理的例会。可不可以授权给别人呢？当然不可以，需要亲自参加。

第三，财务部下班前要做出差报销结账。我们假设一下"紧急"的时限：下班前今天要做的事情就是紧急的，凡是今天不需要必须做，明天也可以做的就是不紧急。今天下班前要做出差报销结账，属于紧急的。重要不重要？可能不重要，可以属于 C 类。该工作可不可以授权给别人？当然可以授权。

第四，下班前召集部门会议传达总经理指示。这看来是紧急的，重要吗？重要的，重要又紧急，属于 A 类。那么可不可以授权给别人？当然不可以。

第五，下班前起草总经理会议稿。这看起来是紧急的，重要吗？总经理的会议稿当然是重要的，重要又紧急事，属于 A 类。可不可以授权给别人呢？适当授权、少量授权，并严加控制。你可以找个秘书、找个枪手来帮总经理起草会议稿，但是你要保证总经理会议稿的质量，如果不合格，你就要承担责任的。

第六，下级递交了一份辞职报告，已经两周没有回应。今天需不需要必须回应？没有明确说今天一定要回应，那就属于不紧急的。那重要吗？未知。不知道这是一个什么样的下级，下级不同岗位的重要性不一样，可是已经两周没有回应，想必应该不是很重要，如果重要，早就着急上火了。所以，两周没有回应的这个岗位、这个下级可能不重要，即不重要、不紧急。

第七，一位新员工在今天要面试。已经约定了今天要面试，看来是紧急的，今天要完成。可是重要吗？还不知道，这个新员工应聘什么岗位，是什么样的新员工。如果是核心岗位、重要的员工，那么面试就是重要又紧急的，这要视不同的岗位而言。

第八，一位重要的客户来公司，11 点钟需要到机场去接人。接这个重要的客户，紧急不紧急？11 点钟到机场，当然很紧急。那么，去机场接人这件事是不是很重要呢？未必。它应该属于 C 类，很紧急但是不重要。怎么办？假如没有足够多的时间赶到机场去接人，可以授权给别人去做。如果有时间去接更好，可是可能没有那么多的时间。假如时间不够，可以委派部门的小张去接一下。因为去机场接人的工作属于C类，可以授权小张去接人。

第九，与重要客户谈判并签约，下午2点开始。2点谈判并签约，这是紧急的，重要不重要？当然很重要。可以授权给别人吗？应该不可以。因为到了签约阶段的谈判是不可以授权给别人的，需要尽量亲自参加。

第十，中午必须休息半小时，否则下午没有精神。这件事紧急吗？中午要休息当然很紧急，重要不重要？为了下午2点钟谈判，为了公司的利益，应该重要，是重要又紧急的，属于A类。中午休息可以授权给别人吗？这是不可以授权的。中午吃饭、中午休息都要亲自做。

第十一，财务部、营销部、工程部的负责人有要事相商。有要事相商，看来是很重要的，紧急不紧急？如果是重大的突发事件，就很紧急，下午我们要召开紧急会议。如果是关于明年的预算，就可以慢慢来，因为可能还会有充裕的时间。

以上都是工作部分的一些工作事项，接下来是生活部分的。假如工作部分还有统一的衡量标准，那么生活事件恐怕就不一定有统一的标准了，因为每个人的评判标准可能会不一样。

第一，十分要好的大学同学晚上举行婚礼。请帖上发的是6点钟开始。6点钟举行婚礼，6点钟是紧急的，重要吗？不知道。视你跟他的关系而定。如果你们关系很好，非去不可，可能就属于A类。如果关系不是十分要好，可能就不一定要去了。

第二，妻子出差，自己去幼儿园接小孩，下午4点半，请记住，下午2点钟谈判，4点半有没有结束呢？还不一定。所以，4点半接小孩恐怕有困难，怎么办？紧急又重要。那么要不要去呢？可能没有时间去，那就要授权委托给别人，干脆派部门的小张去帮忙接一下小孩，可以吗？不可以。小张是公司的工作资源，不可以用来做私人的事情，所以你要自律一些，要小心委派授权，不可以利用公司的资源做私人的事情。

第三，在职攻读MBA，晚上6点半有重要的课。很紧急，应该也是很重要的，可以授权给别人吗？读书当然要亲自去，不可以授权。

第四，医生叮嘱每天要游泳40分钟，并注意休息。身体健康的问题很重要吗？当然很重要。紧急吗？很多人认为不紧急，很重要、不紧急。那么，要不要做？建议把这件事变成重要又紧急的。人生中有两件事是很重要而不紧急的，一是养生健康，二是学习研修。建议把这两件事从B类很重要不紧急转变成A类重要又紧急。否则，很多的B类就会被拖延下去，最后不了了之，或者变成定时炸弹。

第四章　时间与效能的管理

第五，手中的股票今天猛升，需要急抛，否则会损失 2 万元，这当然很紧急，也很重要，一定要亲自去做吗？未必，可以授权给别人，打电话委托给别人。

第六，妻子带了很重的行李出差回来，晚上 7 点半一定要去接。不去接的话可能要跪搓衣板，那你要不要去接？想去接可是没有时间，因为晚上有 MBA 的课，还要参加同学的婚礼。那怎么办呢？可能需要让她自己回来，然后写一个道歉信或者打一个电话。这个事情又重要又紧急。

第七，办公室有十几个人来电找他，是紧急还是重要呢？还不知道，所以我们要进行管理，如果你不在，电话必须要有人记录。有人说管他十几个电话，如果紧急的话还会再打电话过来，不管它可以吗？未必。有两种人的电话，你要千万小心，第一是你的老板，第二是你的重要客户。重要客户或你的老板给你打了几次电话你没有反应、没有回电，恐怕结果可能是灾难性的。

第八，中午陪客户吃饭的时候，情人来电说她已经怀孕了。这个题目很搞笑。大家来看看这个事情紧急吗？重要吗？每个人可能有一些不同的看法。

第九，把手机丢在出租车上需要急找，紧急吗？当然很紧急。重要吗？应该很重要。那还找得到吗？所以建议大家手机里的资料应该尽可能做备份。手机可能很难找到，当然还要视手机的新旧程度而定，如果是刚买的手机，那一定要尽可能去找。这个事情又紧急又重要。

第十，某副总总是批评张某。副总批评张某与你无关，就不用去管了，属于 D，不重要又不紧急。

各位请看在这么多的工作事项里面，会有很多人会选择很多的 A。假如有那么多的 A，你就是三头六臂你也做不过来。怎么办呢？给大家一个建议，只要有可能授权的，就一定要尽可能授权。

请记住你首先要做的是什么工作？又重要又紧急的工作。还有一些是非常重要但是不紧急的工作，你要尽可能地花大量的时间去做。对那些不重要的，可能是紧急的或不紧急的工作，把它扔在一边或授权给他人来做。这样就可以留出更多的时间和精力，让我们去做那些最重要的工作，从而完成作为一个职场人的目标和使命。

第二单元

职场精英的职业素养——专业力

第五章 思维误区与垂直思维

卓越的职场人应该掌握正确的、创新性的思维方式。影响人类行为的关键因素是信念、思想和思维。一个职场人会采取什么样的管理行动，取决于他的思想观念和思维模式。心理专家研究中国人的行为习惯与心理思维的关系，发现中国人发生的很多普遍现象是由我们习惯性的思维所决定的，所以我们就会表现出一些常见的习惯行为。这些在国人看来是很正常的行为，可是在外国人看来就觉得匪夷所思、不可理解，因为思维决定了人类的行为。

中国人在思维创新方面还需要进一步加强。职场人只有不断地突破传统思维的条条框框，才能真正地从过去的中国制造迈向中国创造和中国"智"造，才能够推动企业迈上一个更好的新台阶、新平台。

第一节 职场人常见思维误区

一、常见的思维误区

我们总结了中国职场人比较常见的六个方面的思维误区：追求功利、实用至上、模糊粗放、感性随意、侥幸取胜、投机捷径。这些思维误区也直接影响了职场人的行为和绩效表现。

（一）追求功利

当下，有些人过度追求功利，金钱成为衡量其是否成功的标准。成功不是对社会有多大贡献，也不是论人的心灵、品德和情操，更不是自我价值实现及灵魂人格上的修炼和提升，没有理想、没有情怀、没有节操，甚至没有道德底线，一切除了钱还是钱。当全社会一切都以功利为指标，以金钱为追求，人们的行为表现和道德准则就开始发生扭曲。

合法合理地追求功利是可以理解的，可是如果过分了，失去双方、多方的利益平衡，很多问题就开始发生了。过分地追求功利，一切以功利为标准，就会发生很多问题、出现很多偏差，包括我们企业经营也是这样的。国家和地方政府要核算GDP，企业要计算利润和销售额，企业内各部门需要降低成本，这些本身是无可厚非的，可是做得太过头了就会过犹不及。比如采购，过分地强调降低成本，采购就成了一场与供应商的价格战博弈，常常就会把供应商放到对立面，变成了敌人，要跟他进行价格战和商战，所以要谈判。请思考，供应商到底是我们的战略合作伙伴，还是要与之斗争的敌人呢？假如把所有的供应商都当成敌人，杀得他没有钱赚，请问你将来还有钱赚吗？供应商还会继续和你合作下去吗？要不远离你，要不关门大吉。

这就是思维转换的问题。可能过去的敌人或者竞争对手，要转换成新的合作伙伴和朋友，变成利益相关者和利益共同体。过去认为商场就是战场，经常要打商战、价格战，旧的时代已经过去了。今天新的观念认为，除了竞争之外，还需要合作，称为竞争合作（竞合）。所以，除了功利之外，还有其他的共同利益，或者精神和文化层面的东西。

（二）实用至上

不少中国人倾向于实用主义，所以大学生报考院校，都是报考好找工作、容易就业的，实用主义至上，几乎每个家长都这样想，结果就导致基础学科、不容易赚到钱的学科就没有人去报考。还有一个很奇怪的现象就是冷热专业供需平衡的差异，如多年前学电脑、学计算机很热门，大家都去学，可学完了以后毕业出来，结果发现马路上到处都是学电脑的毕业生，不容易找到工作，供应过剩了。所以，过分的实用主义、被利益诱导，或者追风追潮流和从众心理也会带来不少陷阱，甚至是灾难。

（三）模糊粗放

中华美食名扬天下，可是很少有一个中国品牌餐饮店可以像肯德基、麦当劳一样遍布全球，为什么呢？不精确、缺标准、太随意、太粗放。你看看中国菜的菜谱上写的是糖少许、盐少许、味精少许，所以同样的食材配料，不同的厨师炒出来是不同的味道，没有标准化。从南方往北方走，越往北方越粗放，中国菜里面最粗放的就是东北菜，乱炖、大丰收，分量够足，但不够精致。八大菜系里面的广东菜，其调料是用比耳朵耙大一点的小勺子，师傅关照徒弟八勺，就是小勺子舀八勺，这叫调料定量。到了中部地区，就开始用喝汤的那个中等勺子，两勺。到了北京、东北，就用一个大勺子，反正一勺子，多少随意。所以，从耳朵耙一样的小勺子，到喝汤的汤勺到斗大的大勺子，中华餐饮怎么可能会精细化、数量化、标准化呢！这样，不同厨师炒出来的菜又怎么可能会保持一致性呢？

第五章　思维误区与垂直思维

北京有一家著名的烤鸭店——全聚德烤鸭店，现在成为中华美食的骄傲，开遍了全世界，在纽约和伦敦等地方都已经开了分店，而且受到了普遍欢迎。北京烤鸭的烤制过程原来完全是凭师傅的个人感觉和经验，一只鸭子进去烤了一段时间，需要大师傅掌握火候，师傅一看，感觉火候差不多了，就取出来。什么叫差不多了？这是非常粗放模糊的。全聚德为了要把烤鸭推向全世界，就开始研究烤鸭的烤制过程，进行标准化操作。第一步，先让老师傅一遍一遍地做，科研人员在边上掐秒表计算时间，用分析天平进行称量，对所有动作进行慢镜头分解，找出最佳的方案。经过反复的试验，老师傅认定这个炉温、时间、涂层和材料是正宗的，就接近成功了。因此，全聚德公司制作了一个全聚德烤鸭炉，对每一只鸭子涂多少调料、具体怎么涂、涂多厚，全部都有精细的动作标准和重量标准。接下来就是车间的操作工人像流水线一样生产全聚德烤鸭。按照标准涂好调料以后，进专用炉子烤多长时间（几分几秒）、温度是多少、火力是多少、多长时间、旋转多少角度等，全部都有非常详细的规定，即标准化作业。北京全聚德烤鸭店之所以能够开向全世界，就是因为他们制定了一套标准，而不是凭借个人的感觉和经验。所有的过程都必须是精确化、标准化、可计量、可控制的。管理大师德鲁克说，无法量化的东西，你就永远无法控制它。如今，中国的餐饮有多少仍然是控制在大厨手里呢？如果有一个优秀的大厨团队，饭店就兴旺发达；如果一换厨师、味道一变，生意立刻就惨淡下来。那就说明你的经营和管理方式还比较粗放、模糊，还没有实现标准化、精细化。

（四）感性随意

中国人比较感性和冲动，喜欢激动，行动力强。可是在行动之前并没有做好相应的规划，所以大部分都是草莽英雄，匆忙行动，并没有经过冷静、理智的思考，在思考、决策和行动方面都比较随意，在修订和改正政策时也类似，改制度、改规章也比较随意，当然结果就会随意。在这种感性、冲动和草莽随意的情况下，怎么可能会顺利、按时达成一个具有挑战性的目标？所以，我们的精度越高，品质越高，我们离理性和严谨就会越近，离感性、随意和草莽就会越远。

（五）侥幸取胜

请思考，在赤壁之战中，到底是谁打败了曹操？不是周瑜、诸葛亮，而是另有其人。因为"万事俱备，只欠东风"，那东风受谁控制？被谁掌握？是周瑜和诸葛亮吗？不是。诸葛亮只是巧借东风而已，那一天正好这个时间（几时几分）、刮这样的风级、刮到多长时间，它是受老天爷控制的。这些情况发生其实是小概率事件，机会稍纵即逝。假如等曹操的大军杀到江东来了，再刮东风就已经来不及了。假如刮的风力不够，或者正刮东风，当黄盖的船过去以后，东风开始转向、倒刮，变成了西风，那不是可能会先烧死黄盖吗？所以，这种不可控的因素、小概率事件被中国人津津乐道，说明我们有很多思维误区，总是过分相信小概率事件。不要指望此类小概率事件发生，让成功、正确的结果变成一种必然。当然，职场人在分析和解决问题过程中，要防止这种漏洞的出现，消除侥幸心理。

（六）投机捷径

人往高处走，水往低处流。哪里的投资回报率高，资金就会涌向哪里。房地产投资回报率高，大家就一窝蜂涌向房地产行业。有人搞保龄球厉害，大家都去模仿搞保龄球。为什么会不断地出现重复建设？就是投机心态太重。投机心态过重最后会导致经济泡沫，会导致负债的老板跑路，导致企业的财务风险空前加大。

有个现象很能说明有些人是如何善于投机的。假如这一片地方是个草坪，在左上角和右下角那里各有一扇门，中间这一片地方是草坪，人们会不会直着往前走，然后再拐弯，会吗？通常不太会（现在会的正在越来越多，这是好现象）。

以上这六大思维误区会导致我们后面的一大堆问题。所以首先要扭转的是思维方式的问题，这是最核心最关键的，然后再来解决其他的次要问题。

生活当中还有一些常见的思维误区。例如，随意拍板不加思考，跟着心里的感觉走，谁的权威大就是谁说了算，五分钟的事情用了一个小时来讨论。我们中国人常常两个人以上就无法来商量和决策事情，会相互牵制或相互扯皮，形成内耗。所以，在中国一定要有一个绝对权势的大领导，否则就无法做讨论做决策，无法真正地做到共同协商，协商变成了吵架和斗争，把个人的恩怨带入工作、带入生活、带入讨论，盲目地对某一个事情进行反复澄清和解释。不是聚焦于解决问题，而是聚焦于如何来寻找责任人和摆脱责任。

这些思维误区也反映在职场人身上。企业职场人常常有如下工作特点：任务重、独立性、内容杂、问题乱、资源少、变化快、意外多。这些导致职场人平时的工作特点是忙、盲、茫，就是很忙碌、很盲目、很茫然。工作很乱，有祸、有躲、有推、有怨、有吵，乱麻一堆。"祸"就是经常会闯祸、出纰漏、捅娄子，出现问题以后，第一个反应就是躲避，躲不掉就开始推，推完以后如果发生纰漏就开始抱怨，抱怨了以后就开始吵架，这个问题应该是谁的责任、不是我的责任。

二、思维随意会导致职场人管理失败

职场人管理失败的最大原因就是思维上的随意，思维随意导致决策随意、行为随意，领导拍脑袋做决定。四拍干部通常有如下表现：一拍，高层领导拍脑袋做决策；

二拍，职场人拍胸脯没问题；三拍，结果发现出现问题了，大腿一拍，我怎么没想到呢，我早该想到的；四拍，最后完不成任务，只好拍拍屁股走人。不少职场人成为四拍干部，随意性因素太多。

职场人常常处于"随意"的世界：思考过程随意、决定判断随意、任务下达随意、接受任务随意、提出要求随意、行为动作随意，结果没有达到目标和要求就随意推卸责任。结果没有达到目标要求，政策、方针、机制立刻就做改变，战略和目标就做改变，改变的也很随意，不够谨慎。做决定的人很随意，听的人很随意，做的人也很随意，结果有没有达成？当然没有！一切都是随意、随便！请问，如果组织的管理进入这种随波逐流、脚踩西瓜皮的状态，怎么可能有好的结果呢？

第二节　传统思维与教育误区

职场人在思考问题时常常会带有情绪化倾向，比较感性，不够理性。思考的逻辑性、条理性也比较混乱，常常不知所措、无所适从，容易陷入经验主义、惯性和懒惰的陷阱，思维局限、思路僵化。职场人的思维被局限，被很多条条框框所框住了，不愿意变化和创新，思路凝固、老套、僵化，想象力缺乏，只满足于眼前所看到的一切，看不到外面的世界，更是拒绝想象和突破。

一、二元化思维后遗症

每年都会有数量庞大的毕业生，到最后真正能够原创的科研创新并不多，可能到最顶尖能够拿诺贝尔奖的，更加寥寥无几。我们高校应该好好努力改革一下，改变这种现象，增加有关想象力和创新力的课程和训练。

学校里面培养的学霸大多数是答题能手和应试高手，这就属于垂直思维、直线思维，最大的缺陷就是二元化思维，而不是多元化、多角度思维。二元化思维就是论对错，要符合唯一正确的标准答案。一个学生从小学到中学到考大学，所有的考试都必须有唯一的正确的标准答案，不符合正确的标准答案的？通通不得分。在这样的二元化思维的教育系统里面，孩子们不断地被训练，思维逐步被凝固，形成了一种思维惯性：凡事都要追求唯一的、标准的正确答案。等大学毕业了，进入社会和企业，企业中是不是遵循这样的游戏规则？社会上、工作上出现的问题是这样的吗？可以这样去解决吗？其实不是这样的，实际工作中遇到的问题并没有唯一的、标准的正确答案，只有当下最合适的选择。职场人解决管理问题，只有从可供选择的方案中进行优选决策，每个解决方案之间没有绝对的正确和错误之分，只有各种因素（如条件和成本等）比较之后的适当选择。年轻人成才的规律是"选择大于努力"，没有绝对的对错。这就是为什么不少的名牌高校高才生最后毕业到社会上成名成家、做出杰出贡献的寥寥无几的重要原因。大学生的创新思维和想象力普遍受到了限制，导致年轻人书读得越多、学历越高，越有可能陷入思维的僵化。

为什么过去常常有文化学历不高的老板也可以事业成功？例如，浙江温州很多民营老板文化程度普遍不高，但事业有成。学历不是很高，为什么企业可以做得很大？大概学历低的人没有那么多条条框框，思维没有被束缚、被局限。很多职场人和企业家首先需要突破的是思维的障碍，然后才是后续的目标、计划等。

二、思维的管理和突破

一个人的思维可不可以管理、突破、训练和提升呢？当然是可以的。伟大的思维学家德博诺先生的经典思维理论有六顶思考帽和水平思考法等。

改变职场人思维需要考虑三个问题：①这是正确的还是错误的？②答案是唯一的还是被选中的？③结果是你的还是我的？

（1）请思考，这世界上有绝对的正确和错误之分吗？不一定，转换一个角度，原来正确的可能就会变成错误的，因为视角和立场不同。华为创始人任正非提出灰度管理，即在白和黑之间有灰度。管理有不少过渡的灰度地带，并没有绝对的对和错，在所谓的正确和错误之间，有大量可供选择的方案，不是对的也不是错的。

（2）答案是唯一的还是被选中的？"唯一"就是唯一的标准的正确答案，这是二元化思维。"被选中的"代表我们有很多方案和方法，只是从中选择一个合适的而已。

（3）结果是你的还是我的？应该是所有人共同拥有的。如果过分地去区别"是你的还是我的"，就容易陷入零和博弈，一定要争个输赢。双方应该找到共同的交集，找到更多的共同利益和共同平台，不用严格地去区分到底是你的还是我的，双方可以共赢、和谐共处，可以跨越两个部门进行协同、协作。这个部门是你的部门还是我的部门？你部门的荣誉面子，还是我部门的利益和排名？其实荣誉都是大家的。各省之间的协作不是这个省份、那个省份，而是我们在同一个中国，求同存异、共同发展、繁荣进步。

职场人必须要进行必要的思维突破和思维创新，改变传统僵化的旧观念。例如，上级领导肯定不会赞成的；我从来没有做过，不会做；我过去一直做得很好，为什么要改；我们没有时间，我们还没有准备好；万一搞错了怎么办？别人会笑话我们的；搞错了，我要承担责任的，还是算了，我还有一年半载就要退休了，不捅娄子就行了。如果职场人都是这样的思维方式，那么企业的发展一定会步履维艰，走向衰退。

第三节　垂直思维

一、什么是垂直思维

什么是垂直思维？我们从小学到中学到大学，一直接受的教育和训练就属于垂直思维，即凡事都要讲逻辑、讲顺序、讲条理、讲概念、讲结构、讲层次、讲大小。比如，1、2、3、4；A、B、C；要分前后、左右、大小；要讲对错，讲黑白，讲逻辑推理，讲长幼有序，讲层次要素，讲因果关系。

二、垂直思维与中西餐方式

垂直思维的特点如下：第一，关联性；第二，层次性；第三，步骤性。在垂直思维中，它仍然会有一些顺序，那顺序是怎样的呢？我们也称它是吃中餐还是吃西餐的方式。

中国人喜欢吃中餐，喜欢把所有的菜都放在桌子上，然后挑着吃、转着（有转盘）吃。在农村逢年过节时，大家围在一起吃饭就是典型的吃中餐，不管是在饭店，还是在家里过年，七八个亲朋好友坐一桌，是不是所有的菜全部都要上桌？全部菜上齐，酒和饮料全部倒好，端起杯，大家一起来干杯。中国人这叫团圆饭，必须把所有的菜全部都烧好了，摆上桌，然后长者一声令下：开动。你吃得最多的菜是哪一道？就是你最喜欢吃的。假如你最喜欢吃的菜在桌子的那一头（没有转盘），那怎么办？你也不好意思站起来夹菜，可能就拜托别人帮你夹两下。中国的这种吃饭方式叫集合式。其实，这也属于垂直思维的一种。

西方人吃西餐不是这样的"集合"方式，而是依次按顺序一个一个地来。老外的西餐是怎么吃的？会不会像中国人一样，先堆满一桌子菜，然后大家随便挑着吃？很少这样。老外西餐是一道一道按顺序上菜，有比较固定、严格和规范的程序。先上一盘色拉，大家把这道菜分完，分完就把盘子撤走，接着上第二道菜，分完以后再上第三道菜，所以西餐的主菜是一道一道上来，而且上来以后必须分掉，盘子干净后就撤掉，所以这个桌子上通常就只有一盘菜。西餐有非常严格的顺序和要求，前几道菜的盘子是不可以留在桌上的，吃完再上。我们中国人吃饭吃完了以后，如果那个盘子的菜被吃光了，主人会怎么认为？天哪，菜太少了、根本不够吃啊！所以明天一定要加菜。给客人加菜，结果老外又吃完了，因为老外认为你的菜做得好的标准就是我必须要把它全部都吃完。老外不断地吃完，中国人不断地给他加菜，最后越吃越撑。老外最后说能不能少搞点，我实在吃不下了！中国人说，我还以为你吃不饱、菜不够呢！这就是东西方人们思维习惯的差异。

所以，建议职场人在进行工作规划的时候，要用吃西餐的方式，就是按程序一步一步有条不紊地来，但是在做工作总结、检讨回顾的时候，要用吃中餐的方式，就是把所有的工作全部都堆上来，然后进行总结和检讨，哪些工作没有完成？为什么？问题出在哪里？哪些是需要值得改善的？如何改善？

第四节 思维导图工具与运用

一、思维导图工具

管理界有一个很重要的思维工具，叫思维导图（图5-1）。现在的智能手机和电脑上都有这个"思维导图"软件。思维导图就是保持逻辑性思考的同时有一定的思维发散，是逻辑思维与创新思维的交叉和跨界，是卓越职场人和经理人必须掌握的思维工具。

二、思维导图工具的运用

思维导图工具在管理界应用很广泛，在普通智能手机的APP或电脑上就有这样专门的思维导图软件可以下载使用。

有一个最经典的思维导图案例。例如，项目计划书应该要怎么做？可以分为三个层次，依据思维导图进行逐步分解。

第一个层次有六个步骤，一是确认目标，二是目标范围定义，三是行动方案（计划），四是预算方案，五是控制与评估，六是最后结束，即项目的终极报告。从第一步到第六步，是项目计划书完成流程的第一个层次。

第二个层次是把六个步骤中的每个元素再细化，即针对该步骤进行元素或动作的细化。例如第二步骤的目标范围定义，可以细化为目标特征和范围界限。

第三个层次可以在第二层次基础上进一步分解或细化，例如，第三层次的目标特征，可以细化为 SMART 五大要素：S 是明确具体，M 是可衡量，A 是行动导向，R 是务实可行，T 是时间限期。在第三层次因素中如果还可以细化下去，则可以进一步细化，直至穷尽为止。

思维导图方式，非常有利于职场人有层次、有顺序、有结构的逻辑思考，然后理性做出判断，这样的思维工具非常实用和有效。可是不要忘记了，这么棒的思维工具，大部分仍然是处在理性、逻辑性的思维方式上，对我们有很大的帮助，还基本属于是垂直思维的范畴。

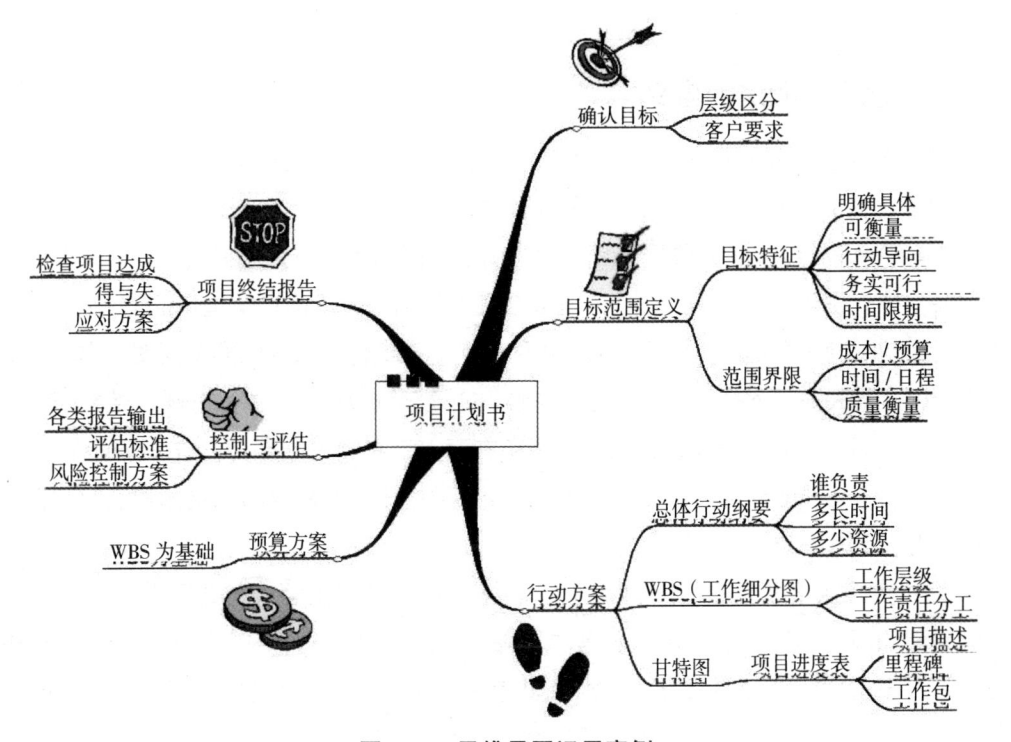

图 5-1　思维导图运用案例

第六章 创新思维与六顶思考帽

第一节 水平思考法

一、水平思考法的含义

相对于垂直思考,有一种典型的创新思考方式,叫水平思考法。

如果我们希望全方位地了解一个物体,想知道这个物体真实的概况,想对这个物体有一个客观全面的认知,就需要运用水平思考法。因为大部分人通常只看到了这个物体的正面,如一说到"北京天安门",大家脑海里跳出来的画面通常是正面的一个图片。按照工程制图的三个视角,侧面图和俯视图呢?如果给你看天安门的侧面图,你能否马上判断出这是天安门还是大前门?恐怕未必。如果要认真全面地去做分辨,就要围绕这个物体的上面、下面、前面、后面、左面和右面六个方向去分辨,不但是平面绕一圈,还得上面和下面都能够看到,如果能够从六个不同的方向都能够看到具体的情况,我们就称它为水平思考法。

假如我们在平面上去看一套房子,不仅需要看它的正面,还要围着这个房子绕一圈看看四周的情况。所谓水平思考法,并不是说绝对在一个水平面上进行观察和思考。相对于垂直思考的逻辑方式,水平思考是横向的创新思考方式,是在同一个时间里面转换不同的角度和侧面,进行多角度、多维度的思考。

二、运用水平思考法进行产品创新

例如,木头椅子和皮球结合在一起,是沙发。外表是皮的吗?是比较柔软的吗?沙发这一新产品由此诞生。在浙江湖州市织里镇童装城有一个老板娘,她需要有做产品的研发设计。她创新了一个新产品,就是在摩托车的头盔前面装一个雨刮器。因为

第六章　创新思维与六顶思考帽

很多人骑摩托车戴头盔时，下雨天雨水影响了视线就容易看不清楚，如果像汽车一样有雨刮器，就可以解决这个问题。我们当时表扬了她，奖励了一个小奖品，我提醒到："你这个想法是很好的，至于能不能实现，你回去还要做实验。据我所知，汽车的雨刮器是因为距离眼睛还有一段距离，所以没有问题的。你这雨刮器就在头盔前面，这么近的距离就这样转转的话，会不会引起眩晕？我建议她回去先拿自己试一试，看看有没有影响。另外，这个雨刮器动作的电能来自哪里？用干电池可能不太环保，且装在头盔里，体积大，是不是比较重？而且一定需要雨刮器吗？如果头盔的前面用的是不沾水的特殊材料，你看行不行？"总而言之，我们有很多的创新思维方式，就是把原来毫不相干的东西进行横向组合、多次嫁接，新产品、新玩意儿就可能由此诞生。

请看现在的智能手机，有多少功能是叠加上去的？手机除了打电话之外，还可以收发短信、存电话号码、听音乐、拍照、摄像、上网、录音，还可玩游戏、看电影追剧、看视频，还能做手电筒、GPS 导航，等等。

有一个大爷跑到手机店去看手机，手机店里的导购就给他介绍："大爷，您看这个手机是最新款，能上网、待机时间长、上网速度快、可以打游戏……"说得大爷一脸茫然。大爷最后忍不住问了一句："闺女，到底能不能打电话呀！我没有看见打电话的按钮呀？"因为大爷最关心的功能是打电话功能，他是来买一个移动式的电话机的，不是买来上网打游戏的。所以现代手机有很多叠加功能。比如，手机能做手表、做闹钟、做相机。因此，闹钟、手表、数码相机等现在大家都用得很少了，以后的手机可能不再叫手机，而是会重新取一个名字。就好像手机，以前叫移动电话、大哥大一样。未来的手机是个人和家庭资讯的终端（智能汽车、智能家居、智能办公、智能生活、智能健康），是所有上网连线的控制器，连着办公室、家里和身体，连着空调、电饭锅、防盗门和汽车，可能还连着老人和小孩，孩子有没有去上学？放学跑到哪里去玩了？GPS 实时跟踪打开，全部都会有的。所以它是一个微型智能终端处理器，这个小东西名义上还叫手机，事实上现在的智能手机已经越来越不是手机了。手机到底是电脑还是电话？是移动电脑还是个智能显示器？手机完全成为一个智能系统的个人终端，所有的这些其实都是功能的横向叠加。

当然，玩具能不能自动贩卖呀？水笔笔杆头上可不可以做很多广告？铅笔能不能变成万花筒？这些都是产品的研发和创新，需要依靠水平思维法。

第二节　六顶思考帽思维法

全世界最伟大的思维导师德·波诺先生研究了很多思维工具，其中最著名的思维工具，叫六顶思考帽思维法。所谓"六顶思考帽"就是思考问题需要从六个方向或六个维度来进行，继而检测、判断我们所采取的解决问题的方案决策，或者主意、决定等，是否正确、恰当或合理。

第一顶帽子是白色的思考帽，即事实和数据。思考问题之前，首先需要收集完整的事实和数据，而不是主观臆断或凭空想象。没有调查就没有发言权。要搞清楚：目前到底发生了什么？具体是什么情况？我们在什么样的环境里面？有哪些数据和事实？白色就是冷静、客观、理性、中立和周全，就是事情原原本本的真实状态，代表数据、资料和信息，以及客观的资讯和事实。

第二顶帽子是红色的思考帽，即做直觉或情绪化判断。红色就是感性、情感和直觉，用第六感官和直觉去碰一下，看看我们的感觉如何。我们在做比较理性的分析思考和判断之前，应先用直觉和情感去判断一下，这件事儿行不行？这个事情靠不靠谱？只讲感觉和直觉，不需要讲理由讲逻辑，也不需要提供依据。

先找一批女同胞来做感性判断，为什么需要找女同胞来做？找男人不行吗？因为女人的第六感官、直觉判断和情绪感觉，大概比男人发达5至10倍以上。所以，我们要常常问问女同胞：你觉得这件事靠不靠谱？女同胞第一反应就说靠谱或者不靠谱，她百分之七八十是正确的。可惜一般的男同胞缺少这种直觉，第六感通常比较差。当然也有一种男同胞第六感比较厉害，那就是艺术家。这一类艺术家长期沉浸在艺术氛围里，他们的直觉、灵感和情感是非常敏锐的，跟女性同胞有得一拼。红色的帽子就是用直觉和情感去评判一下，这样做可行吗？

第三顶帽子是黑色的思考帽，即做负面思考。黄色的帽子是做正面积极的思考，黑色的帽子就是做负面思考和风险评估。想想看，它的潜在风险和可能的陷阱在哪里？各种损失和不利的影响会有多大？别光顾着想好处和利益，那样容易盲目乐观，而忽略了潜在的风险。要先想想最差的可能是什么？最坏的可能性局面会是什么？先从坏的方向去想，那我们就能够预计到最坏的结果，就可以采取一些预定的方案和措施来做补救，做应急处理。做决策时一定要同时做好两手准备：最好的设想和最坏的打算。黑色的帽子，意味着风险、陷阱、不利的因素和最坏的局面。

第四顶帽子是黄色思考帽，即做正面的思考。凡事不能只思考风险和不利因素，那样会陷入悲观、负面的思考，会裹足不前。职场人也需要去思考一下，正面和有利的因素。正面的好处、利益和价值在哪里？对我们的帮助有多大？积极的改善建议是什么？能不能给我们带来更多的价值？这就是乐观、正面、积极向上。其实，任何事物都是一分为二的。危机的意思就是，危险的背后是机会；舍得的意思是，舍弃的同时就会有得到。这是古老的中国式辩证法，就是需要同时把正面和负面、风险和机遇等正反面研究够，才能够做正确判断。

第五顶帽子是绿色的思考帽，即创新和冒险。面对已有的决策，要敢于提出疑问：我们一定要这样做吗？我们一定要用这个方法或方案吗？除了这个方法、方案之外，还有没有更好的方法？要敢于做冒险尝试，寻找可替代的其他方法，不断进行创新。一切皆有可能，没有什么不可能，这就是绿色的思考帽。要打破条条框框、原来的习惯或思维定式，跳出来重新思考，看看还有没有其他的办法。所谓的创新和变革，其实就是从"违规"开始，打破常规，另辟蹊径。

第六顶帽子是蓝色的思考帽，即控制议程、系统和目标。我们的目的和目标到底是想干嘛？先把目的和目标搞清楚，不能偏离方向和主题。我们在讨论、思考或分析解决问题的时候，常常会陷入这样的陷阱：为手段而去考虑，被细节干扰了视线，导致忘记、偏离了我们原来设定的根本目标，即初心。所以需要不忘初心，锁定目标，控制过程。

第三节　六顶思考帽思维法的应用

一、六顶思考帽的应用范围

国际思维大师德·波诺先生的六顶思考帽应用范围很广，所有涉及解决问题或决策思考的都可以加以应用，不仅仅是工作方面，家庭和生活方面也可以。

例如，我们人生的根本目的是什么？每个人的答案可能都不太一样，有人是升官发财，有人是流芳百世，大多数是求名求利。假如问我，我会认为人生最大的目的就是活得健康幸福和开心快乐，就是两大指标：第一是健康幸福，第二是开心快乐。如果健康地活着，但不开心、不快乐，那说明活着的品质不高，肯定不幸福。所以健康是数量指标，就是长寿。快乐是质量指标，是生活品质。这就是我的人生观和价值观。

那我们的工作和生活与这个根本目的是否吻合？有没有违背？如果工作得很痛苦，只是为了钱、为了谋生而暂时忍受着，那早晚你都会舍弃它。建议你，想方设法找到那种健康和快乐兼而有之的生意、工作、环境或职业。钱可能不是第一位的，快乐健康才是最重要的。

二、人生的终极目的到底是什么？

有很多人在疑惑：人生的终极目的到底是什么？有人说是赚钱。那你赚钱又是为了什么？赚钱为了生活。我猜想，赚钱、有很多钱可以给他带来快乐，带来安全感，他的指标其实是快乐和安全，赚钱只有一种满足他快乐的手段。事实上，根据我的观察，有些拥有很多钱的土豪其实并不快乐，比我们普通人痛苦多了、压力大多了！

中央电视台一个记者采访西部的放羊娃："放羊娃，你放羊是为了什么？"他说，为了赚钱。那赚钱是为了什么？娶个媳妇。娶个媳妇是为了什么？生个娃。生个娃又是为了什么？放羊。这就是放羊娃的一生，他不知道为了什么，反正就是活着，人生的循环。你以为我们比他高明很多吗？其实也高级不到哪里去。我们只是比那个放羊娃走得多了几步而已，五十步跟一百步的关系，本质上、逻辑上是一样的。我们常常把手段误以为目的。如果上班赚钱变成了你生活的终极目标，你可能就会很痛苦，除了数钱之外，没有快乐。

因此，我们需要搞清楚，人生的根本目的到底是什么？你做任何一件事情、说了几分钟的话，总会带有一定的目的和意图。请不断思考，你的根本目的是什么？紧紧锁定、不要偏移那个靶心，锁定最根本的目的之后，一步一步来，分六个步骤来，这就需要应用德·波诺先生的六顶思考帽。

回顾一下六顶思考帽：第一顶白帽是资料和信息；第二顶红帽是直觉和感情；第三顶黑帽是负面思考、讲逻辑和批判；第四顶黄帽是积极乐观；第五顶绿帽是讲究创新、冒险和替代，跳出思维的条条框框，假设一切的、另外的所有可能性和替补应急方案；第六顶蓝帽是清晰明确我们的目的，确认议程是否在控制系统之内，如果离题了就需要回到正确的轨道上来。这就是水平思考法，从六个方向进行思维和决策的基本方式。

第七章　色彩性格学与性格解析

人在心智修炼方面有一个重要的技巧，就是掌握人际性格解析法。每个人都有自己独特的性格，俗话说："江山易改、本性难移"，人的性格不容易改变，人的性格会影响到人的命运。那人的不同性格应该怎么区分和应对呢？国际上有一种性格分析的方法叫人际性格解析法或者色彩性格法。

第一节　色彩性格学

一、性格解析的纵横轴

性格解析就是按照外向、内向、重人际和重事物等四个指标把它划分为四种类型。首先理解一下四个指标的含义：

外向表现为感情外露、热情、活泼、开朗、善于交际、适应环境能力强等。内向表现为安静、离群、内省、喜欢独处而不喜欢接触人、保守等。

重人际是比较感性、为人热情，重事物是比较理性、冷静思考。重人际表现为好交朋友、热情洋溢，相对比较外向、开放一些，比较感性冲动，认为"四海之内皆兄弟"，很容易热血冲头。重事物表现为冷静、理智、客观，喜欢分析、思考、判断和怀疑一切，遇到事情讲逻辑顺序、讲事实、讲证据，有自己的独立思考和判断。

这样就形成了四种人际性格：活泼型、力量型、和平型、分析型。

二、四种不同的性格与色彩

外向且重人际的性格叫活泼型，外向且重事物的性格叫力量型，内向且重人际的性格叫和平型，内向且重事物的性格叫分析型。每一种人际性格都有它的代表性动物、标志性颜色和潜在的欲望。

活泼型性格的代表性动物是孔雀和猴子，活泼好动爱显摆，标志性颜色是红色，潜在的欲望是表现欲。常常表现为：你看我很漂亮吧？显摆、得瑟和炫耀，孔雀为什么会开屏？我们拿一朵鲜花摇一摇，引诱它，逗逗它：这朵花很漂亮！孔雀生气了，为了要证明它的尾巴比你的鲜花更漂亮，它才开屏展示。猴子的主要表现特征也是活泼好动、不安静。这就是典型的活泼型性格特征。

力量型性格的代表性动物是狮子和老虎，标志性颜色是黄色，潜在的欲望是控制欲。常常表现为：你敢不听我的，我要让你死得很难看！这就是力量型性格。狮子和老虎都是动物之王。俗话说："老虎的屁股摸不得。"狮子是西方人认为的动物之王。黄色代表了黄金、阳光和权势，以及有重大影响力和控制力的铁腕人物。

内向、重人际的性格是和平型，和平型的代表性动物是海豚和熊猫，标志性颜色是绿色，潜在的欲望是安稳欲，即安定和稳定。我们中国人就是典型的和平型性格，国际上常常把中国人比成熊猫，体形很大，但是憨憨的、很友善，不像北极熊很有攻击力和战斗力。温顺的大型动物，虽然体型很大，但它追求安定、稳定，相对趋于保守，不喜欢变化和争斗，也不喜欢显摆炫耀，比较含蓄和内敛。

分析型性格的代表性动物是猫头鹰和啄木鸟，标志性颜色是蓝色，潜在的欲望是探索欲。猫头鹰很机警、很严谨、很小心，啄木鸟叮虫子常常坚持不懈，不达目的不罢休。蓝颜色有特点，辽阔的天空和大海都是蓝色的。深蓝色代表着深邃、有名堂、有层次和神秘。分析型性格的欲望是探索欲，就是有探索精神，永远在追问为什么，喜欢探索、分析和研究。分析型性格也叫完美型性格，喜欢追求完美，喜欢打破砂锅问到底，冷静、理智、分析、思考、判断，碰到问题总是要拿事实、拿证据，喜欢讲道理，行为处事比较严谨。

第二节　人尽其才与因人而异

一、四种性格与人尽其才

四种不同性格类型的人适合不同的工作岗位。在部门团队里面，活泼型的人比较适合做文艺宣传，如啦啦队、鼓动队和文工团的成员；力量型的人适合做管理和团队领导；和平型的人适合做服务工作和调解工作；分析型的人适合做技术开发和财务会计。可见，没有最好的性格，关键是要放在合适的位置上发挥其作用。好的团队也需要成员之间性格互补、优势互补，这样团队才会有战斗力。

二、每个人都是组合式性格

每个人的性格都属于组合式的，四种性格和颜色都占有一定的比例，占比高的、超过 60% 以上的一两种性格就形成了倾向性，出现了明显的个性组合。如果四种性格几乎均分，那就是第五种性格——整合型，代表性动物就是变色龙，外部环境需要他扮演什么样子，他就能转变为什么样子。例如，《西游记》里的孙悟空是活泼加力量型；八戒是和平加活泼；沙僧是和平加分析；唐僧有点小复杂，是力量、分析、和平的三者组合。唐僧身上的活泼型性格表现最少。

第三节　如何管理不同性格的下属

那么，不同性格的下属，我们应该怎么去管理并与之沟通？不同性格的上级，我们应该怎么去沟通和配合工作啊？不同性格的客户应该如何去进行沟通？下面以不同性格的下属应该怎么来进行管理来说明。

一、针对活泼型的下属

针对活泼型的下属，要表扬他、赞美他，公开场合公开表扬，他会表现为：越被表扬就越开心、越兴奋，因为活泼型的人最喜欢听别人表扬了。

二、针对力量型的下属

针对力量型的下属，要给他一定的权限，给他一定的管理位置，让他进行管理团队，没有正式的职务，就让他做个小队长，力量型的人就喜欢权力和控制，而且做事很认真。

三、针对和平型的下属

和平型的人喜欢贪点小便宜，工作时喜欢耍一点小聪明，领导在与不在其工作表现肯定是不一样的，所以要加强对其的监督，也可以针对和平型的人弄点小恩小惠。可以让和平型的人做一些服务性、支持性的工作，或者做调解性的工作。和平型的员工在工作时有可能会比较拖拉，因此要加强进度监管、现场监督，防止其偷懒或者拖延。

四、针对分析型的下属

分析型的下属通常是好员工，执行力很强，只要上级把工作交给他，他一定会做得很好。但是，分析型的下属喜欢抬杠、钻牛角尖，可能在人际关系方面也会有些小障碍，因此需要帮助分析型的下属去解决一些人际关系的困境和矛盾。

因此，没有无用的下属，只是由于你放错了地方，没有做到人尽其才。针对于不同性格的下属，可以运用不同的领导方式。孔子认为教育要因材施教，搞管理和做事也需要因人而异，不同性格的人需要有与之相适应的不同的管理方式，这就是人际性格解析的应用技巧。

第八章 公众演讲与表达的技巧

第一节 演讲和沟通的影响力

一、演讲能力决定沟通影响力

英国首相丘吉尔曾说:"一个人可以面对多少人,就代表这个人的人生成就有多大。"古今中外,99%深具影响力的人士都是善于演说表达的大师,公众沟通能力对一个人的生涯发展至关重要。一个缺乏胆识、没有语言技巧、没有公众魅力的人,要想成功是很困难的一件事。

很多缺乏"公众演说"能力的人都会说:"奇怪,私下讲话时,我都很流利,为什么一上台就会走样了呢?"如何培养自己成为公众表达、演说沟通的高手,首先必须建立高层次的观念与认知。"脱口秀"是什么?您必须先认识到它的重要性才是改变的开始!

二、演讲能力可以被训练出来

有人说,一个人的成功,85%取决于他的说话和沟通协调能力,15%取决于他的专业知识。从这个角度上说,锻炼自己的说话能力是我们工作的一部分,而出色的说话和沟通能力是需要经过专业训练的。

一份调查结果显示,缺乏语言训练与受过良好语言训练的人在语言表达方面具有天壤之别。面对同一件事,没受过语言训练者的表述,有可能是语无伦次的、杂乱无章的,即使说上一大堆话,也可能是一堆废话;而受过良好语言训练的人,他可能只需要很少的语句,就会十分简练、完整且合乎逻辑地抓住主要情节和情节之间的关系,将意思表述出来。两者之间,差别之大,不由得不引起我们对口才训练的重视。

三、沟通演讲能力自测

在着手训练自己的讲话能力之前，不妨先做个自我摸底测试：

（1）是不是见了别人觉得无话可说？或只对熟悉的人才有话说？

（2）是不是很难找到一个使双方或大家都很有兴趣的话题？

（3）能否将自己所谈的意思，用各种不同的方式去表达，以满足不同场合、不同对象的需要？在遇到别人的反驳时，是否一再重复说过的老话？

（4）能否调动别人与你谈话或听你演讲的兴趣？

（5）能否使谈话顺利而不致中断？改变话题是否自然、巧妙？

（6）能否上台演讲能够落落大方、从从容容，达到成功的效果？

（7）讲话的口齿是否清晰、声音是否悦耳？是否有恰当的手势动作？

根据上述要求来检审、诊断一下自己，看自己具备些什么，又缺乏些什么，缺乏的主要原因是什么。找出真正的原因，才能对症下药。其实，好的口才并不只是一种天赋的才能，靠刻苦训练也可以达到相当的水准。古今中外历史上一切口若悬河、能言善辩的演讲家、雄辩家，他们无一不是靠刻苦训练而获得成功的。

四、演讲家的三大法宝

有人问，著名的演讲家有没有一些成功的秘诀？有。我们总结了全世界演讲家能够成功演讲的三大法宝：一是多讲故事和案例，少讲理论和概念；二是运用影像化表达，不用描述性表达；三是运用体态和语气，拒绝呆板和沉闷。简洁的说法就是：讲故事、影像化、多体态。

第二节　讲台压力和演讲恐惧症

一、讲台上的演讲恐惧症

很多人站上讲台时，常常会有演讲恐惧症，讲台的压力莫名来袭。演讲恐惧症主要表现在生理和心理两个方面：在生理表现上，演讲恐惧症患者表现为面部肌肉僵直、不自然，身体的某些部位不由自主地发抖，心跳加快，手心冒汗等症状；在心理表现上，演讲恐惧症患者主观上感到所有人都在盯着自己，看到了自己的紧张表现，甚至别人还在心里嘲笑自己。于是他们就会产生一种逃避心理，在公共场合和开会时，尽量逃到不会被人注意到的角落，尽量不发言，用躲避策略缓解自己的紧张状况。

演讲恐惧症会使人失去往日的自信，因为其害怕演讲出错，所以越来越紧张，结果越紧张出错越多，久而久之最终形成了恶性循环，只要是在公开场合面对多人讲话就会出现演讲恐惧症的症状。演讲恐惧症不仅存在于社会新鲜人中，许多精英人士也有演讲恐惧症的困扰，这些原本信心满满的成功人士因为"演讲恐惧症"而变得自卑、胆小，给事业造成了很大影响。

二、控制演讲恐惧症的方法

以下是一些控制演讲恐惧症的方法，它们可以帮助你克服对演讲的恐惧，推动事业的发展。虽然大家可能会认为其中的一些建议是常识，不过只有执行才会成功，希望大家能够采纳自己觉得可行的建议。

（一）对着镜子练习演讲

对着镜子练习演讲是非常有用的，也很重要。你应该知道，在做演讲时，自己的一举一动都会影响观众的注意力。通过对着镜子练习，你会注意到自己是否会不断地前后摇摆，是否会做一些不易察觉的但是无用的细微动作。观察，并且改正，因为往往是这些让人分心的小动作使有水平的演说变成了糟糕的演说。

（二）对着墙壁练习演讲

对着墙壁练习演讲与对着镜子演讲完全相反。对着墙壁演讲可以使你将注意力都集中在演说的内容上。刚开始你可能会觉得傻（大家刚开始都这么觉得），但是对着墙壁演讲有助于弄清那些内容不妥的部分——那些没有说服力的或不得体的内容。通过这样的练习，能够反复推敲用词和表达语气，使人获益匪浅。

（三）对着朋友练习

对着朋友发表演讲，你会感到轻松。而且朋友可以向你提出问题，并且提供诚实坦白的回馈。如果朋友不足以提供这样的服务，那么就找其他能够做到的人。发表完演讲后，问问你的朋友，找出你的演讲中哪部分是最容易懂的，哪部分是最难懂的。

三、造成演讲怯场心理的原因

造成怯场心理的原因多种多样，往往因人而异。但下面几点原因非常普遍。

（1）评价忧虑。这是造成怯场心理的最主要的因素。现代心理学认为，在任何存在评价的场合，人们一般很难发挥自己原有的水平。大多数人对自己在初次约会中的表现不太满意。在演讲中，由于评价是单向的，也就是说听众是演讲人的"裁判"，所以演讲者的忧虑更多，其心理负担更重。

（2）听众的地位。如果我们面对的听众的地位比我们的地位高，或者我们认为听众比我们重要，我们讲话时便感到特别紧张。求职者在评估小组面前的表现往往很不自然，这一方面是因为评价忧虑，另一方面无疑是因为评估小组"大权在握"。

（3）听众人数。一般人都愿意在"小范围"内讲话。如果听众人数很多，演讲者便会倍加谨慎。因为他们觉得一旦出错或表现不佳，"那么多人"一下子都知道了。过分的小心谨慎加大了怯场的可能性和程度。

（4）对听众的熟悉程度。大多数人在"熟人"面前讲话比较自然。面对陌生的听众我们之所以紧张是因为我们对他们几乎一无所知，而他们在几十分钟甚至十几分钟内便会对我们做出评价。

（5）听众的观点。如果你知道听众或大多数听众所持观点和你的观点一致，那你便会信心十足。反之，你便会很担心。

（6）准备是否充分。若演讲者觉得自己对演讲准备得不充分，觉得有"出丑"的可能，那演讲者的自我保护意识很可能会将其出卖。

四、应对演讲怯场心理的处方

针对造成演讲怯场心理的主要原因，下面是几种有效的"处方"。

（1）充分准备。对付怯场心理最有力的武器是诚心实意地告诉自己你对本次演讲准备得十分充分：你的选题不但对自己而且对听众很有吸引力；你对该题目已深思熟虑，并收集到了所有所需的数据；你的演讲稿紧扣主题，安排有序；经过反复演练，你已能恰到好处地把握演讲时间；你对自己的仪表和临场表现有充分信心；你有能力很好地应对讲演过程中出现的各种意外情况。

（2）适应变化。如果你原计划给二三十人做演讲，到场后发现听众有二三百人，你会怎么办？你准备了一份非常正式的演讲稿，走上演讲台却发现大家都穿着牛仔服和T恤衫之类的衣服，你将如何想？你准备了长达两个小时的内容，可上场前主持人告诉你你只有十五分钟的演讲时间，你又该怎么办？诸如此类的情况在演讲中绝非偶然。

所以，如果你被邀去演讲，不要忘了事先收集如下信息：①有无固定论题？论题范围是什么？②听众背景资料（包括人数、年龄、性别、受教育程度、宗教信仰、工作性质以及参加演讲的原因等）；③演讲地点和场地设施（包括其地理位置、场地大小、有无话筒等内部设施），如果有可能，最好亲自去演讲地点看一看，做到心中有数；④演讲时间和时长；⑤有无听众提问环节。

（3）练习放松。演讲前，如果你仍感到紧张，以下几种方法有助于你放松。

①深呼吸。做深呼吸的目的是供给你充分的氧气，帮助你在演讲中更好地控制自己的声音。这里所讲的"呼吸"当然指的是腹式呼吸而不是肺式呼吸。歌唱家和演员们都知道腹式呼吸在控制声音方面的重要性。

②肌力均衡运动。肌力均衡运动是指有意识地让身体某一部分肌肉有规律地紧张和放松。比如，你可以先握紧拳头，然后松开；你也可以固定脚掌，做压腿动作，然后放松。做肌力均衡运动的目的在于让某部分肌肉紧张一段时间再放松，这样你不仅能更好地放松那部分肌肉，还能更好地放松整个身心。

③转移注意力。演讲前要积极听取主办人和听众的意见，这样你便可以暂时转移注意力，更好地放松身体和思想。

（4）增加幽默感。幽默是演讲中的食盐。优秀的演讲人和有吸引力的演讲内容只有加上恰到好处的幽默才能创造出成功的演讲。所以当你遇到怯场心理的袭击时，不妨增加幽默感，在听众轻松的笑声中解脱自己，克服对演讲的恐惧感。

语言是思维最直接的反应，不流利的表达可能会让你在职场上感到自卑，因为这似乎代表自己不够聪明。本来在工作环境中，女性的声音就没有男性的那么有力，若再表达不清楚，那几乎就让你丧失了被人认可的机会。你是否在私下里并没有任何的语言障碍，但是一遇到正式场合大脑就一片空白，不是语无伦次就是哑口无言，好像患上了一种讲台恐惧症呢？

演讲者误以为自己是因为演讲而紧张，结果越讲越糟。心理学研究发现，70%以上的职场人害怕在公众面前发言。而患有"演讲恐惧症"的人群并非都是初出茅庐的职场新人，不少还是在职场上历练多年的资深人士。

第三节　缓解讲台压力的自我管理法

缓解演讲者的讲台压力和克服恐惧的有效方法就是进行讲台的自我管理，主要包括四个方面：积极的自我暗示和充分准备；建立开心金库；进行心理预演；突破外壳，重获新生。

一、什么是自我暗示

自我暗示是指透过五种感官元素(视觉、听觉、嗅觉、味觉、触觉)给予自己心理暗示或刺激，它是人的心理活动中意识思想的发生部分与潜意识的行动部分之间的沟通媒介，是一种启示、提醒和指令，它会告诉你注意什么、追求什么、致力于什么和怎样行动，因而它能支配和影响你的行为。这是每个人都拥有的一个看不见的法宝。

成功心理、积极心态的核心就是自信主动意识积极的自我意识，而自信意识的来源和成果就是经常在心理上进行积极的自我暗示。反之也一样，消极心态、自卑意识，就是经常在心理上进行消极的自我暗示。就是说，不同的意识与心态会有不同的心理暗示，而心理暗示的不同也是形成不同的意识与心态的根源。所以，心态决定命运，正是以心理暗示决定行为这个事实为依据的。

二、积极与消极的自我暗示

自我暗示有消极的和积极的，不同的心理暗示必然会有不同的选择与行为，而不同的选择与行为必然会有不同的结果。

消极的自我暗示可影响个人的判断和自信，使人生活在幻觉当中不能自拔，并做出脱离实际的事情。消极的自我暗示还可使人对外界事物的认知形成某种心理定式，为人处事偏听误信，凭直觉办事。上讲台之前的消极自我暗示就是：我不擅长演讲，我上台一定会搞砸的。

积极的自我暗示又称自我肯定，是对某种事物的有力、积极的叙述，这是一种使我们正在想象的事物坚定和持久的表达方式。进行肯定的练习，能让我们用一些更积极的思想和概念替代我们过去陈旧的、否定性的思维模式。这是一种强有力的技巧，一种能在短时间内改变我们对生活的态度和期望的技巧。

自我暗示可以默不作声地进行，可以大声地说出来，可以在纸上写下来，还可以歌唱或吟诵，每天只要十分钟有效的肯定练习，就能抵消我们许多年的思想习惯。在上讲台之前，持续不断地进行自我暗示：我是有演讲能力的，我这次一定能够演讲成功！心理学的定律告诉我们，如果我们能够经常意识到我们正在告诉自己的一切，选择积极的语言和概念，我们就能够容易地创造出积极的现实，就能够克服讲台恐惧，做一次成功精彩的演讲。

三、开心金库

在开始演讲之前想一件最快乐的事，把自己最快乐的事情编辑成 10 秒的短视频，在自己的脑海里播放一下，让自己立即高兴起来，然后去感染每一个即将要面对的听众。只有你的感觉好，上场才能表现最佳。

什么是"开心金库"呢？人若能将一些愉快或兴奋的事情记下来，每当遭遇压力时，就拿出来调节心理状况，犹如开了银行账户将钱存起来，到需要的时候再取用，这种技巧就叫开心金库。

你每准备见一个人或做一件事前，或者每天安排固定的时间做这样的练习。这样，你在生活中给人的感觉永远是阳光灿烂的。现在，就让我们建立自己的"开心金库"吧。可以是你平时生活中真实发生的，也可以是你听来的或者看到的。

四、心理预演

心理预演是指我们用想象力在脑海中按照自己的意图，事先勾勒出一幅某种目标进行中以及实现后的情景或画面。具体做法如下。

想象自己喜欢的事物。置身于一个舒适的地方，躺着或坐着，使身体完全放松，放松身上每一个细胞。

开始想象与自己愿望中的一模一样的事物。如果是一辆小车，就想象自己在驾着车，看着它，享受它，并把它显示给朋友们看；如果是一个情景或事件，就想象自己身在其中，每一件事都像自己所希望的那样发生，还可以想象人们在说什么，或其他使这件事显得真实的细节。

把以上形象或念头保持在自己头脑中，在内心对自己做一些十分积极的、肯定的陈述，如对自己说一段坚定的话：我的演讲效果一定会非常棒！

五、心理预演的基本要点

第一，要以积极的自我形象来改变你的外在行为。自我形象是你怎么看自己以及自己待人处事的方式。正因为自我形象控制了我们在人们面前的表现水平，所以要先给自己灌输正确的观念、积极的形象和更新的理念，内心认为，我是能够演讲成功的，我是能够掌握好必要的演讲技巧的，这个演讲话题是我所熟悉的，我一定能够得到听众的欢迎。

第二，要以可视化的方法调整自己的心理架构，潜意识是影响心理状况的最重要的因素。所以，每天晚上睡觉前将自己理想的形象以可视化的方法灌入你的心中。这个形象包含每天各项活动中你的表现，你身体的健康状况，你心理的积极状态，你在讲台上受听众欢迎的情形，等等。

可视化的力量——在脑海中想象你成功演讲的画面。可视化是运动员、音乐家、演员以及演讲者们都在使用的、在压力下提高表现水平的有效方法。可视化的关键是在脑海中创造一个自己成功演讲的生动形象。想象你站在礼堂里即将演讲，看到自己镇定、自信地站在讲台上之后，注视着观众，用坚定、清晰的声音开始你的演讲。观众逐渐被你演讲的内容深深吸引，而你的自信也随之提升。

第三，要以心理预演牵动自己的情绪，心理预演是在事情发生前要求自己把将要发生的事情预先在心里演练一遍，就像运动员在比赛前的暖身运动。当你闭起眼睛，看到自己的巅峰状态时，这些形象就会牵动你的情绪，使你感觉到自己成功时的满足感以及兴奋、喜悦的心情。

第四，要以积极情绪反过来牵制你的行为模式。我们发现当你幻想自己是非常有自信心、积极、乐观、快乐的人的时候，这种想象出来的积极、乐观、自信的情绪会使你在讲台演讲时表现出这种样子来，使听众受到你的情绪的影响，而乐意接受你的观点和想法。

第五，以改变你的生理形象建立充分的自信和讲台权威。生理形象是你的身体，即四肢和脸部表情所显示出来的样子。在讲台上要抬头挺胸、面带笑容、摆动脚趾，再做三个深呼吸，使你看起来是个坚强、有个性的成功者。传递一个信号：认真听你演讲，一定会有所收获。

我们建议，在上讲台之前，不仅要把演讲稿背得滚瓜烂熟，还要在安静、放松的环境下，闭上眼睛，把演讲内容在脑海里过六遍，形成脑海的深刻记忆，形成条件反射。六遍的心理预演过程，一定能够让你在讲台上行云流水、精彩纷呈！

六、突破外壳

很多人上台演讲时有演讲恐惧，这是比较普遍的。请思考：为什么会上台紧张？为什么情绪放不开？为什么表达不精彩？其实，有一个主要的原因就是，有一个坚硬的外壳包裹着我们，束缚和限制了我们的自如表现。怎么办？砸碎外壳、跳出来。即放开手脚，放下包袱，配合演讲内容挥动起双手，展露目光和面部表情，让声音抑扬顿挫，这样才能有一个较好讲台呈现和演讲效果。

我们越舒展肢体，越能激发自我的潜能，也越能带动气氛，吸引听者，更具说服力,成为一个优秀的表演者。在人生的旅途中,我们将要扮演许多不同的角色,演得好坏,就看我们对角色投入了多少。一旦我们能放开自己,做个有弹性的人,你会得到更多的掌声。

讲台上要自信,身段要柔软。其实,讲台就是舞台,演讲者就是半个演员,需要用到不少的表演技巧,把表演技巧融合到演讲之中,就能取得良好的演讲效果。毕竟,演讲二字,"演"字在前面呢。可见,演讲不同于普通讲话。

第四节 演讲的技巧和方法

一、编剧准备和素材

主题:目标明确,中心突出,绝不能为了讲故事而讲故事。

选材:案例准备充分,选材和要表达的观点和主题要很贴切,故事内容不应太长,一般的小故事就一分钟左右,最长也就三分钟左右。

语言内容表达:通俗易懂、精练、没有冗余。

故事叙述逻辑:故事情节要有张力和戏剧性,环环相扣、层层递进,可以运用顺叙、倒叙、插叙、对话等手法。

善用各种修辞方法。

(1)排比:加深印象,气势如虹,实例请看后面的精彩故事解析。

(2)对比:通过强烈的反差让人印象深刻,使观点更鲜明。

(3)夸张:为了突出主题,讲故事时适当地夸大会让人觉得很精彩,让人印象深刻,而不会去考虑这背后的准确性,我们是在讲故事,而不是做学术报告。

(4)拟声词:拟声词非常生动和富有表现力,让人过耳不忘。我们可以模拟风声、雨声、汽车声、子弹声、呼啸声等,要自然准确,少而精。

二、精彩简练的开场

用最精练的语言告诉大家你要讲一个什么样的故事,根据故事内容可以相应地设包袱,目的是激发兴趣。

三、声情并茂与绘声绘色

(1)善用辅助语言(副语言):音调、音色、音量、语速和节奏。

如果讲话时音调、音色、音量、语速和节奏一成不变，犹如声讯服务台的人员总是以不变应万变，就很难引起别人的兴趣。

①节奏感：贴合故事情节，配合故事的发展而张弛有度。比如，讲鬼故事的时候，前面描述宁静恐惧的氛围时节奏缓慢，做足渲染气氛的功夫，后面说到门莫名响动时突然加快，并模仿门开的声音，这样讲故事节奏感就很明显。另外，还要善用停顿，适当的停顿可以更有效地吸引注意力，也可以营造张力。

②音调高低：通常表示强调或情感强烈时音调较高，而表达沮丧、恨铁不成钢、无奈等负面情绪时，往往要放低音调。

（2）表情和肢体语言。

①表情自然生动：故事要能感染别人，首先要能感动自己，演讲者自己必须投入感情，演绎时不需要和观众过多交流，自己入戏、身在其中才最重要，做到这一点，表情就能自然。

②手势：自然，不刻意但放得开，大气，可以略显夸张。

③善用动作模拟：有的事情，说要好几句话，演就一两个动作，也可以边说边演。

（3）适时的互动：常用的方法有疑问、反问、自问自答等。

四、结尾须提炼、引发思考

提炼精华，前面讲得精彩只是为后面的提炼做铺垫，提炼得好不但能加深印象，还能传达力量，会触动人心，让人回味和思考。

演讲者讲完故事后的提炼，才是真正的精华，能真正体现演讲者的内在魅力，做不到这一点，就算前面的故事讲得再精彩，也只能是说书、讲段子罢了。

第三单元

团队主管的工作管理——执行力

第九章　目标设定与计划管理

第一节　目标与目标管理

为了提升管理绩效，实现设定的目标，我们必须进行目标管理。目标管理就是以结果为导向，工作之初设定目标时就预期设定阶段性成果和最后的结果，工作过程和结束时就按照预期成果进行控制、纠偏和检验，并定期按照员工达成结果的状况程度进行必要的奖罚。

中国人大多数不习惯做书面的目标计划，更喜欢走一步看一步，所谓"摸着石头过河"，或者心里有数就可以了，只是有一个模糊的大概而已。再加上在计划经济年代，从国家和宏观层面很善于制定目标计划，但个人和家庭不习惯自己制订计划，只是被动地去服从和执行。可见，中国人需要加强对目标和计划的管理。

古人云："凡事预则立，不预则废。"说的就是目标和计划的重要性，出发和行动之前需要先制定目标，并做好行动步骤和方案。如今，卓越的职场人必须学会定目标、订计划、做追踪、做改善，习惯以目标管理来指导日常管理行为，用目标来衡量工作的实际成效，以达成组织和团队的绩效。

一、什么是目标

什么叫目标呢？目标就是目的和宗旨的具体化，是个人和组织根据自身的需求而提出的在一定时期之内可以经过努力达成的预期成果。

目标的层次分为组织层面和个人层面。组织层面有组织的总目标、具体目标，专业系统目标，部门成果单位的目标。当然，组织层面的目标一定来自组织的战略。个人层面就是成员和个人的目标，是从部门细化和分解到个人的阶段性目标。

组织的目标通常是以组织战略为出发点，设定好组织总目标，再细化为具体目标，逐步分解到部门和团队，最后落实到每一位成员身上（如每个员工）和每一个时间阶段上（如每周）。

二、目标的分类

（1）按主次分类，目标可以分为主要目标和次要目标。

（2）按照向上向下，目标分为控制性目标和突破性目标。通常向下的、不好的，我们要进行控制，可以称之为控制性目标；通常向上的、好的，我们要向上突破，可以称之为突破性目标。比如，不良率、不合格率、不良品、成本或者员工的流失率，我们要控制住，就叫控制性目标；企业的利润、绩效、业绩、成长需要向上突破，就叫突破性目标。

（3）按照时间，目标可以分为长期目标、中期目标和短期目标。

（4）按照明确程度，目标可以分成明确目标和模糊目标。模糊目标就是比较模糊、笼统、不清楚的目标；明确目标就是比较清晰、比较明确，比较具体的目标。

（5）按照数量化，目标可以分为定量目标和定性目标。定量目标容易数量化，定性目标则不容易数量化，它需要做一些定性、具体的描述。

请大家去思考：定性目标是模糊目标吗？定性目标是明确的还是模糊的呢？笔者的答案是定性目标也是明确的。因为定性目标虽然不一定可以数量化，但是它可以明确、具体、清晰。所以，定性目标也是明确目标。

三、工作目标的类型

（1）达成型工作目标，其重点分析在什么样的条件下才能达成我们预定的目标。

（2）解决问题型工作目标，重点是找出问题的真正原因。

（3）例行型工作目标，重点是设定有效的规则、规范、标准。

四、目标的SMART五要素

职场人设定目标要符合五大要素，管理学上称它叫目标设定的SMART五要素。哪五个要素呢？S、M、A、R、T，它是英文字母开头的第一个字母。第一个字母S（Specific）的意思是明确具体的；M（Measurable）是可测量的；A（Attainable）是行动导向、可达到的；R（Relevant）是与其他目标紧密相关的；T（Time-bound）有时间限期、截止期限的。

S的意思是明确具体，不可以模糊笼统，必须要明确、清晰、具体，最好还能够数量化。

M就是可衡量、可量化的，能数量化的就尽量数量化。

A 是行动导向，就是有实操性的，是针对可以实际操作的行为和动作，而不是其他一些定性的形容词，或者更虚、不实际的东西。

R 是务实可行的。务实可行指既有一定的挑战性，又有一定的可行性，即"跳一跳够得着"。

T 是有时间限期的，即工作任务的完成必须有一个时间限期。

下面举几个小的案例进行分析。

（1）明年在管理人员培训方面要加大力度。按照 SMART 设定的五个要素，你看看有哪些方面做得不够？明年是有时间性的，管理人员培训也是有针对性的，而加大力度是不可以测量、不可以衡量的，那么加大力度是多大的力度呢？太模糊了不够具体，所以要把它进行细化、量化、明确、具体。

（2）希望你们部门提高团队协作能力。这句好像是领导的指示，不应该成为团队的一个目标。"团队协作能力"是什么样的能力？不够具体、清晰。"希望你们"就是期望，那有没有具体要求和完成限期呢？没有肯定完成的一个说法，所以这句话不是一个很好的目标设定的 SMART。

（3）客户满意度必须达到 95% 以上。95% 客户满意度是可以量化、可以测量的，但是什么时间达到，要有一个完成时间期限的问题，那就是 SMART 五要素少了一个 T。

（4）今年部门费用成本不得超过 50 万元。从 SMART 五要素看，有时间限期，有数量化，而且有具体、明确的内容：成本控制和节约。当然，要怀疑这个 R，所谓的 R 就是数量是否合适的问题。50 万元是不是适合？50 万元的这个数值肯定能够做到吗？是太高还是太低了？可不可以做一些调整。

（5）你必须在半年内减肥 20 千克。减肥的内容是明确具体的，20 千克是可以量化的，时间限期也是有的：半年之内。减肥 20 千克是否合适？能否达到这个目标？当然，这要看看你的体重本来有多少？如果你是 70、80 千克，半年内减 20 千克，那显然不太可能。如果你是一百多千克，半年内减 20 千克，还是有可能实现的。所以，需要再来研究一下 R。

五、目标管理的热潮

当今世界目标管理的热潮最早是从日本开始的，目标管理的发展历程可以分为三个发展阶段。

第一阶段是从第二次世界大战后到 1975 年，主要是崇尚工作经验主义。工作经验主义也称为经理主义。当时，管理界普遍认为一项工作能不能达成一个很好的效果，主要是根据工作者的工作经验，所以日本就比较崇尚年资。如果你入职的时间越长、资历越老、工作经历越多，自然你解决问题的能力和创造的价值就会越大。所以，从第二次世界大战后到1975年，大家比较崇尚工作经验主义。这个时期的薪酬分配主要是论资排辈，越是老前辈、年资越久的人拿的工资和奖金可能就越高。后来，大家发现有问题，年资长的、经验丰富的未必创造价值和贡献就大，可能有一些问题和纰漏恰恰就是因为犯了经验主义的错误。

第二阶段从20世纪90年代开始，目标管理开始转向能力主义。即我们不看你的年资、学历，而是看你的工作能力。因为经验丰富不一定能力就很强，入职时间3~5年，年资没有那么久，可能经验不够丰富但不代表他的工作能力就很差，所以这个时候大家就转向崇尚能力主义：不管你的年资和学历，主要看你的能力，所以叫"能力大过学历"。大家不拘一格地提拔年轻人，用能力来进行测量，按照能力大小来支付薪酬。有一些年轻人虽然年资不高，学历也不一定很高，但是他能力很强，能够创造高价值，所以薪酬待遇就很高。但是，进入21世纪以后，大家发现测量能力的方式、按照能力来付薪酬的方式发生了很多的问题，因为能力强的人未必创造的价值大。还有怎么证明能力的强弱呢？能力的测量肯定科学、准确吗？

第三阶段是进入21世纪以后，又开始转向业绩主义，这又称为绩效主义。什么意思？就是一切都需要用结果来衡量，我们需要来看结果、看成果、看业绩、看实际绩效。所以，直到今天，绩效主义在全世界都比较盛行，这也是我们在绩效管理和绩效考核里面比较提倡的方式——目标绩效考核法。为此，我们还研发了绩效管理的软件工具、移动互联网的SAAS平台——活力盟绩效管理系统。

要怎么样才能达到一个很好的目标管理效果呢？一个秘诀就是每一个员工、每一个干部头脑当中始终都想着每天都有灵活的、和谐的经营管理目标的产生，这样，我们才能达成一个很好的目标管理。

六、目标管理的误区

在团队管理的实际工作当中，目标管理也有不少的误区。

（1）容易使管理权威受到挑战，因为这个目标大家要进行讨论，领导也不一定说了算，每一个进度实施怎么样，按照目标达成的程度进行奖罚，所以有一些领导可能不是很喜欢。

（2）目标的初期需要跟下属达成共识，下属常常会讨价还价，没完没了。年底分配任务目标时，有些领导说喝一杯酒就是100万，设定目标的那一天，就像小菜场买菜一样，下级讨价还价，领导常常要喝醉。

（3）目标模糊完成有困难。大家有时候觉得目标定得太高，或者说目标不是很具体，完成起来很困难，通常目标是上级下达给下级的。

（4）部门目标、团队目标没有得到下级的共识，没有把目标的制定变成目标的约定，一起来共同讨论。

（5）下属常常自己不制定目标，被动地等待上级分配目标，分配任务给他，不够积极主动。

（6）随时需要追踪下属的目标达成频率评估，很累，也没有时间，最终容易引起下属的反弹。

（7）工作业绩无法准确评估，目标本身就是模糊，好、坏、完成还是没有完成很难准确评价。

（8）目标常常变来变去。所谓领导会朝令夕改，上午布置的工作，下午就可能需要调整，如果是具体行动方案需要做调整是可以理解的，但是如果团队的目标常常这样变来变去，那就是有问题的。

（9）领导常常鞭打快牛。任务完成得越好的，加的任务就会越多；完成得越慢的，也就不了了之。所以，超额、高效地完成目标任务的这些优秀的骨干们得到的回报不是更多的薪酬和更多的奖励，而是更多的任务，这就是普遍存在的鞭打快牛现象。

第二节　怎样设定好目标

职场人需要先分析无法设定好目标的原因，再了解好目标所具备的特征，然后按照设定目标的七个步骤来设定好目标。

一、无法设定好目标的原因

通常在团队管理当中无法设定好目标的原因有五方面。

第一，目标和目的相混淆。所谓目的，就是心里的想法和良好的愿望，它是存在于内心和大脑中的，相对比较模糊。只是在脑子里想，没有写到纸上。如果能够把想法写下来，而且是数量化的、有限期的、切实可行的，这才叫真正的目标。所以，目的和目标不可以相混淆，目的是动机，是想法，目标则是具体的、量化的、可实现的，需要符合SMART五要素。

第二，定量和定性的问题。中国人比较习惯做定性描述，不习惯做定量描述。中国人普遍重视人际关系，不够重视与物打交道和精确量化，喜欢定性，不喜欢定量，讨厌数据、表格，更喜欢模糊的回答。例如，人们之间的对话：你什么时候来？我马上来；你什么时候到？我一会儿到；做得怎么样？基本还可以。

第三，多重目标的问题。多重目标就是企业设定目标有不同的层次和维度，应该保持目标一致。企业和组织有总的战略目标，部门和团队有分目标，每个员工也要有各自的工作目标，这些多重的目标应该与企业战略保持一致性，朝着一个方向，大目标和总目标应该是所有成员的共同目标。实际工作中，职场人设定的很多目标，可能会不一致，甚至会出现冲突。例如，公司的节约成本和增加业绩的两个目标就可能不一致：增加业绩可能就需要多投入成本，可是成本需要控制和节约，少投入成本，可能就比较难以增加业绩，这两个目标之间需要一致和平衡。团队中个人的利益出发点、部门的利益出发点或者每个部门的核心职责和核心职能也会导致各自的目标可能不一致。

第四，目标的冲突问题。在企业或组织里面，根本性规则通常是个人要服从组织和团队，小集体、小团队要从大局出发。

举例说明，有一名员工看到公司提倡员工学习研修，就在外面报了一个研究生的辅导班，这与公司的工作技能不直接相关，也不是公司外派的学习培训，属于个人成长的研修。辅导班学习的时间常常是下午5点就要上课，但公司下班时间也是5点，这样下班以后去上辅导班根本来不及，所以该员工就需要每天向领导请假，提前半小时下班。这样，该员工每天或者每个星期都要有几天需要请假半个小时，这是不是个人目标与团队目标就产生了冲突？部门主管是批还是不批呢？笔者的建议是不批。因为个人的学习和整个公司团队的工作产生了冲突。假如是需要请假去参加毕业考试，是可以通融的，因为这个是特例。

第五，不了解好目标的一些特征。如果不根据好目标的特征设定目标，那么制定的目标一定会有问题。

二、好目标的特征

好目标的特征有哪些呢？有如下七项。

第一，好目标需要共同参与制定。目标不应该是"制定"，应该是拟定和约定。

目标制定是上级确定目标,再颁布、分配给下级,下级是被动接收,大多数可能没有达到共识就会产生问题。目标约定就是上下级之间讨论后达成的共同认识,后续的执行力会比较高。所以,如果团队目标上下级之间没有达成共识,只是上级单向的指令,这刚刚出发就已经有了问题。

第二,与高层一致。部门和员工下属制定的目标应该与高层目标保持一致。如果与组织、公司和高层的目标偏离,甚至相反了,那就会南辕北辙,目标达成就是一句空话。所以,职场人一定要注意拟定的团队目标是否与组织目标、高层目标完全一致,或者基本一致,至少大方向应该保持一致。

第三,可衡量的目标,要符合SMART五大要素。

第四,具备一定的挑战性。把可行性、挑战性巧妙地结合在一起。

第五,关注结果和过程。不关注结果是不够的,目标一定无法达成。不关注过程控制,就不能时时纠偏。所以,过程和结果都需要关注。过程有追踪,结果有确保,这才是一个好的目标。

第六,即时的反馈和辅导。仅关注结果还不行,还要关注过程,关注过程中人的具体行为表现、有没有一个即时的反馈机制。只有这样,出现了偏差或者异常状况,我们才能马上(即时)做出反应,并及时地(在一定时间内)提供相应的帮助或改善措施。

第七,以事先设定的目标与成果达成来评估员工的绩效。有目标就必须有达成,目标达成的程度就是绩效成果表现。根据最终成果和绩效的达成进行适当的奖罚。

三、设定目标的七个步骤

设定目标一共有七个步骤:

第一,正确理解公司目标并向下属传达。因为公司目标是由高层讨论决定的,各部门未必会全员参与讨论,所以针对高层定下的目标,各部门需要进行讨论、消化、理解和落实。

第二,制定符合SMART五要素的部门目标、团队目标或者个人目标。

第三,检验目标是否与上级和公司的目标一致。

第四,列出可能存在的问题以及相应的解决方法。在实现目标的过程中可能会出现一些意想不到的问题,要预测有可能出现的问题,制定应对方案。

第五,列出实现目标所需要的技能和授权。为了实现这个目标,各级人员需要掌握哪些技能呢？如果员工的工作方法和技能不达标，那么达成个人目标或团队目标肯定会有问题。当然，执行过程中还需要上级对员工授权，这样才能行事顺畅。

第六，列出为达成目标所必需的资源。俗话说："巧妇难为无米之炊。"做任何事情，完成任何工作目标，都需要一些资源，如人力、物力、财力、权力和信息平台等，所以各方面的资源都需要相互匹配。

第七，要明确目标完成的日期。完成这个目标要有一个时间期限，并且整个时间段的中间要有一个分阶段的里程碑和分目标。如果每个小目标、分目标都能够按时完成，大目标也就能够顺利按期完成。

第三节　目标卡与工作计划

一、目标卡的内容要素

职场人设定好目标以后如何去达成目标呢？这就需要制定目标卡，这是日本人的叫法，我们通常称其为工作计划。目标卡通常包含五项内容：

第一，目标所涉及的工作事项。

第二，目标达成的量化标准。

第三，措施和手段，即达成目标的具体行动、具体手段、具体的措施和方案，要把它列得非常详细，具有可操作性。

第四，日程表。

第五，评价柱。工作事项完成以后，员工要进行事后自我评价，上级要对员工进行完成该工作事项的事后评价，每一项工作事项都需要进行检查、评估、评价和改善。这是日本人常常运用的经典目标卡。

日式目标卡的表单包含了目标任务、完成的标准、具体的措施、日程表和时间的进度以及评价注。日式目标卡中最值得表扬和肯定的是评价柱。日式管理体系比较重视事后的追踪、评估、反馈和评价以及自我检讨，这是值得肯定和欣赏的。在欧美常用的目标卡里面，人们比较重视所谓的责任人和所需要的资源。

二、目标卡特色：评价柱

评价柱这一模块尤其值得中国经理人学习和借鉴。对每一项工作的完成状况进行事后评价，都需要一个评价柱。所谓的评价柱，就是列一个表，其中有两个竖型柱，一个柱是自我评价，另一个柱是上司的评价，事前我们列好虚拟的满分是100分的空柱子，然后完成该工作事项之后，对这件工作做一个评估。评价柱假如说满分是100分，那员工给自己打多少分呢？假如员工给自己打80分，上级给员工打75分，那这个五分的差距在哪里？这就需要大家进行交流，争取下一次工作的改进。

在谈到绩效考评的难题时，笔者最欣赏的绩效考评方式是行为观察法，即先给月度的每一项重点工作事项设定目标，然后对每一个重点工作做过程追踪、每周检讨和月底评价，这样得来的考评分数才会比较客观。假如月度工作计划里面的每一项工作都有一个月度评价分数，显然，把这些工作的分数都加起来再平均就是月度总分数，把每月的分数加起来再平均就是年度总分数。这就让考核分数的得出比较简单，也比较客观，员工申诉不公平的现象相对就会降低一些。所以，在考评和目标计划的设定方面，我们要向日本人学习，学习其对每一项工作都有一个事后的评估、评价、反馈和和评分。

三、长期、中期、短期工作计划

目标卡，中国人常常称之为工作计划，即设定目标之后具体执行和落实的步骤和措施。按照时间期限，工作计划可以分为短期、中期和长期。

长期计划一般是指至少6年以上的计划，又称为策略性计划，是由高层、决策层、经营层和董事会制订的。比如，企业的长期发展方向、企业的市场策略、新产品的策略等都属于长期计划。

中期计划一般是1～5年的计划。企业的中期计划是由中高层管理层制订的，用于落实企业的战略计划和策略性计划，为日常运作计划（年度计划）确认具体的目标和指标。

短期计划是1年之内的计划，也叫运作计划。短期计划是由职场人、部门经理和课长（科长）等职场人制订的，或者是协助基层一线主管来完成的日常工作计划，所以年计划、月计划或周计划通常都叫运作计划。当然，还有每天的工作计划、工作日志等。每天的计划都需要有一个详细的规划和记录，如特发事件、危机或者其他问题等，这就是日工作计划。

四、制订工作计划的要点

在制订工作计划时，需要注意以下要点：

第一，要对目前的形势和状况做分析和判断。

第二，要清楚前进的方向、未来的目标和远景规划。

第三，明确行动措施和计划方案，即采取什么样的行动、什么样的措施才能够一步一步达成预定的成果。

第四，明确完成人和责任人，需要明确自己要承担的责任、做不好可能会受到的处罚。

第五，明确开始和结束的时间。在开始和结束的中间可能分阶段，叫分阶段目标、分目标、小目标，项目管理里称之为里程碑，因为每一项工作都需要一个阶段性的检查、反馈和改进，这样才能加强目标达成的控制性。如果过程中遇到突发事件或者危机事件，应该如何处理呢？这就要有更多的危机处理的程序和方案。

第六，做这些工作需要的资源，如人力、物力、财力、预算、资源、条件等，要把这些都列出来。

第四节　制订月度和周工作计划

一、月度工作计划中存在的问题

大部分职场人在制订月度工作计划时会出现以下问题：

第一，通常比较喜欢以写文章的方式制订工作计划，而不太喜欢用表单。中国人讨厌数据，不喜欢用表单，但工作计划要详细、要有数据、要量化，这就需要用到表单，但这往往是月度工作计划里缺乏的。

第二，中国人传统的月度工作计划通常都是三大块：工作事项、完成人员和完成时间。但只有这三大项是远远不够的，还应该有工作记录。

二、标准月度计划表的三大项

麦肯锡公司向全球职业经理人推荐的标准化月度工作计划将传统目标卡里的工作事项细化为了以下三大项内容：

第一，重点工作。要想把工作事项当中很多的工作进行归类和合并同类项，做到抓大放小，职场人就必须锁定重点工作事项，把琐碎、繁杂的日常事务合并在一起，重点工作通常一个月不超过 3 项，再外加两项每个月都要做的工作事项：一是教育训练；二是日常例行。曾经看到有的经理主管列出一个月的重点工作 36 项，36 项事务都是重点工作，那还有重点吗？

第二，工作目标。所有的重点工作都要设定衡量标准，中国的经理和干部制订的工作计划表最大的问题就在于一项工作任务缺乏可以衡量的数据和可量化的工作标准。所以，合并了重点工作之后，后面一定要设定可数量化的衡量标准。

第三，具体行动措施。把重点工作列出具体的行动措施和操作方案，并且行动措施和操作方案要尽可能详细。但并不是详细到没完没了，要在详细和简要之间求得一个平衡。

比如，8S 工作，只要公司内部人员都明白这个简称的意思，那就不需要再去解释它。这就是在简要和详细之间需要求得的平衡。

在具体的行动措施这一块，最好是能够把每一个步骤和要点都能够列出来，这样便于落实，也有利于追踪和检查。

月度计划表里既要有重点工作，又要有工作目标和衡量标准，还要有行动的主要步骤，这样才能一目了然。另外，还要有一些补充的要素：责任人（完成人）、完成期限、所需资源。其中，所需资源就是做这项工作所需要的人力、物力、财力等，这些都要提前列出来。

三、工作计划的预算规划

职场人在制定目标和计划的时候，常常会涉及工作预算。不同企业做财务预算的方式有所不同，有全预算和滚动预算等，这就需要职场人具备拟定部门年度和月度预算的能力。

很多国内的民营企业强调说，本公司做全预算是不可能的，在今年 9 月或 10 月就把下一年每个月要做哪些工作、哪些项目、花多少钱等详细地列出来，是不可能做到的。这说明了中国企业管理的缺失，在精细化、规范化、标准化的管理方面做得还远远不够。于是，我们就想到了一个折中的方案，如果做不到一年期的全预算，那做一个月的预算行不行呢？在这个月 25 号能否把下一个月要做的项目、事情、花多少钱预估、评估出来，能否把具体方案做出来？如果连下个月要做哪些事、要花多少钱都不清楚，那你还能胜任部门经理和主管的工作吗？你的工作计划性又在哪里呢？

所以，月度工作计划的最后一栏"所需资源"包含预算、人力、物力、财力、其他部门的支持等，必须要把这些详细列出来。

需要注意的是，在完成期间里面，大家在填表时常常会误以为是"完成期限"，以为就是终点结束的时间。其实，完成期间除了要设定这一项工作结束的时间外，还要设定开始的时间，即完成期间的意思是什么时候开始和什么时候结束，要把开始和结束的时间都清楚地列出来。

四、甘特图和行动计划表

关于工作计划和行动计划方面有一个经典的管理工具即甘特图，也称为行动计划或进度表。在甘特图中，针对每个工作事项进行提前计划，预先在每个时间段内进行事项的时间分配，用一个虚线的线段连起来，具体到每一个工作事项和行动步骤在哪些时间段内完成，实际完成进度状况就用实线在虚线下面画出来。关于甘特图，我们在常用管理工具里会对其进行介绍和讲解。

以上介绍的就是麦肯锡向全球职业经理人推荐的标准化月度工作计划。

五、责任人与检查人

日本企业把麦肯锡推荐的标准化月度工作计划拿回去进行下改良，在责任人后面增加了一个检查人。检查人是什么意思？日本职场人说是为了双保险。如果张三是责任人，李四是检查人，结果张三的某项工作没有做好，请问应该处罚谁呢？日本公司竟然是处罚检查人，却不处罚责任人。

国内有这样一家大型国有企业，其学习借鉴和照搬日本人的管理制度和管理模式，规定责任人犯错了只处罚检查人而不处罚责任人，结果导致了很多的检查人（通常是责任人的上级领导）怨声载道：现在下级犯错不仅没有被处罚，反而对领导被处罚这件事幸灾乐祸！大家反映说："这个责任人是我的下级，如果他犯错或者没有做到位，因为我是检查人，没有检查和监督到位，结果就慢慢地变成了我是责任人，需要我去完成该项工作。"原来责任人的工作犯错或者不做，跟责任人几乎没有关系，只是口头批评几句，却重重处罚上级检查人，这显然不合理。后来，我们帮助这家企业重新做了一些调整：如果这件工作没有按时、保质、保量完成，责任人和检查人同时都要被处罚、连坐。当然，不同的阶段，双方需要承担责任的比例可能不太一样。我们要因地制宜，根据企业文化、当地区域文化和民族文化，对管理制度和管理模式做一些调整，因为中国文化和日本文化不太一样。

笔者曾经请教过日本的经理人：为什么日本企业只处罚检查人、不处罚责任人，这项制度在日本可以执行得很好，但是在中国行不通呢？日本的经理解释说，可能是日本人比较有耻辱心吧。当责任人的过错导致了检查人被处罚，自己却不受处罚，责任人就会很内疚，于是为了让检查人不再被处罚，他就一定会加倍努力不再犯错，当然，检查人也要尽到检查、追踪、监督和督促的作用。可见，不同的组织文化理念体现在工作计划上，可能会不太一样。

这是日本企业的第一个改良，即在责任人后面加了一个检查人，所谓双保险。

第二个改良，在所需资源的后面加了一个评价柱，即在每月的每一项重点工作后面都列了一个事后的评估（矩形柱）。笔者对此也非常地欣赏，因为把三大类重点工作再加上第四个教育训练，这四个重点工作进行事后的评估得出评分，即自我评估和上司的评估的评分综合之后，就可以得出本月工作成果、工作目标达成的绩效评分。如果每月都有绩效评分，把12个月度的分数叠加起来就变成了年度的基准绩效评分。这样，对提升绩效考评分数的客观性会有不少帮助。

六、月计划与周计划、周检讨

不同层级对月计划和周计划的侧重点不同。对中层管理人员而言，需要重点制订月度工作计划和月计划追踪；对于基层干部、班组长和基层员工而言，就需要重点制订周计划和周检讨。

表9-1是为大家提供的一个简单的周工作计划表范例。最左边是星期一到星期六，然后是日期、工作计划（上午下午做什么）、完成情况、未完成原因。星期一到星期五是正常上班时间，为什么星期六也被列出来？星期六是用于学习和研修的。一周的工作计划列完以后，后面会有一个本周小结，主要检讨本周计划预先设定的工作有没有达成，这些工作项目的目标有没有达成，完成的结果怎么样，下一周应该如何进行改善。

表9-1　每周工作计划表

星期	日期	工作计划	完成情况	未完成原因
一				
二				
三				
四				
五				
六				
本周小结				

中、低不同层级职场人对计划表的追踪检查的时间长度是不一样的。职场人重点追踪的计划是哪一个计划呢？是周计划，时间长度是周。如果追踪下属员工的月计划，就会时间太长；但如果追踪下属员工的日计划、每天的计划，又显得过于频繁。所以，最佳追踪的时间长度是周，即周工作计划。请记住，职场人的周检讨非常重要，丢了周检讨，就彻底丢掉了月度目标。

第十章 高效沟通的技巧

第一节 沟通的内涵与模型

一、沟通是重要的基本功

沟通技能很重要，这是职业经理人的职业基本功。如果你不善于沟通，没有掌握必要的沟通技巧，就几乎无法从事团队管理工作。因为管理工作的大部分内容无非就是向上沟通、向下沟通、与同级沟通、与外部的客户沟通，所以不会沟通就无法做管理。可令人感到奇怪的是，沟通既然如此重要，为什么没有企业有沟通部呢？这是因为沟通是每个干部乃至每个员工都要掌握的职业基本功。沟通就像我们走路、吃饭、写字和说话一样，是职场人重要的基本功。

二、沟通的内涵

什么是沟通？先来看一下沟通这两个字，望文生义式地理解一下。沟就是沟渠，通代表一种通畅的状态。沟通这个词意思是说，在沟渠里的水或者液体处在一种流淌顺畅的状态。中医经络理论认为，痛则不通，通则不痛。其实，信息沟通也是这样，如果彼此沟通很顺畅，那团队管理的障碍和问题就会相对少一些；如果沟通有障碍，信息不通畅，反馈到团队管理里面，就会出现这样或那样的管理问题。

那么，沟通到底是在传递什么呢？从表面上看，沟通是双方在传递信息，其实不然。在信息的下面，还包含着相互的信任和情感，所以沟通本身包含三个层面，外表是信息、语言，中间是意图和情感，内核是信念和价值观。

最外面的一层是你所听到或者看到的信息，如文字、语言或者体态动作等，这属于最外表信息。在信息或语言外表的下面，还隐藏着一个真实的意图和情感，这属于中间信息。内核部分则隐藏在最深处，反映的是人的信念和价值观。所以，要想做好沟通的工作，仅停留在最外表，接收到对方的语言、话语或者文字是远远不够的，还要能够领会对方的真实意图，体察对方的心理状态和情绪感觉，最好是能够判断对方的认知观念和价值观。所以，用心沟通才能达到沟通的完美效果。

三、沟通的过程和模型

先看一下沟通的基本过程和模型。图 10-1 所示为沟通模型与小双向循环。

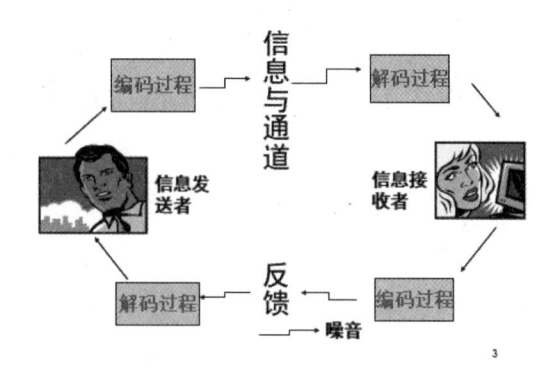

图 10-1　沟通模型与双向循环

沟通是双方之间传递信息，一方是信息发送者和传递者，另一方是信息接收者。发送者先把一个想法和意图进行编码，编码成一个很好的信号或符号（信息内容）把它发射出去，信息接收者接收到了这个信息，然后要进行解码，理解其真实含义，最好还能够体会到其中情感，再做一个反馈。沟通模型就好像两个人之间打电话。假如甲、乙两个人用手机打电话，甲发送信息，乙接收信息，两个人之间的通话其实就是一个沟通模型和双向循环，是一个双向、互动、封闭的信息沟通循环。

沟通是一个封闭的双向循环，只有双向的沟通才是有效的。很可惜中国人在信息传达的时候，比较喜欢单向而不是喜欢双向。中国人所说的好孩子、好学生、好员工、好干部都有什么特征？听话的。听话的孩子、听话的学生、听话的员工、听话的干部，听话是单向还是双向呢？是单向的。所以，中国人习惯性的单向沟通就有可能会埋下沟通障碍的隐患。我说你听，你不能插话、不能辩解、不能解释，没有相互交流，这样，沟通的双向循环就变成了单向指令，甲发送给乙，而乙是否听到了，有没有听明白，有没有理解这个意思，有没有适当做一个反馈，这些都是有问题的，因为只有发送信息，没有回路和反馈。

信息接收方在做信息反馈的时候可能还会受到很多的干扰，如有声响、信号会掉线、别人不好意思回答等，在反馈过程中也存在着很多的障碍。

第二节　沟通的基本原理与理论

一、哈里窗户的四区域

除了沟通模型之外，沟通双方彼此之间的信息会有什么样的变化呢？哈里窗户理论将沟通中双方的信息交换按照自己知道、不知道和对方知道、不知道的两个维度，划分为了四个区域（图10-2）：①自己我知道、对方知道的叫开放区；②自己知道、对方不知道的叫隐藏区；③别人都知道、只有自己不知道的叫盲点区；④自己不知道、别人也不知道的叫未知区。对管理影响最大的就是盲点区。

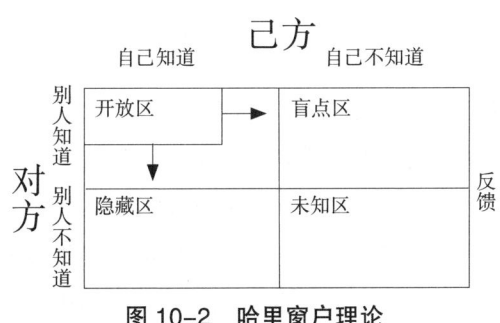

图 10-2　哈里窗户理论

下面举例说明开放区和隐藏区。北京是中国的首都，这个大家都很清楚这就叫开放区；隐私、秘密就属于隐藏区，就如同歌曲里唱的："我心里有个小秘密，我为什么要告诉你？"

二、防范和消灭盲点区

对管理影响最大的是盲点区。所有人都知道，唯独自己不知道，这就是盲点区。一般在开车的时候，两侧的反光镜可能会有一些盲点区，如右侧车道差不多在第二个窗口或者你车尾的地方有一台车在行驶，这台车可能就处在驾驶人的盲点区，因为反光镜里可能会看不到。如果驾驶人突然转弯变道，那就有可能发生交通事故。

实际管理工作中存在很多的盲点区。我们以为能看见，其实我们根本看不见，而且是除了我们自己看不见，别人都能看得见。比如，我们自己看不到自己的额头，可是别人都能看得到。事实上，有没有哪一个人只用自己的眼睛不借助外界的力量能够看到自己的额头。沟通的盲点区会让我们产生很多错误的判断，因为我们自己不知道，别人却都知道。

领导常常被迫处在盲点区。很多高层、老板常常被下属蒙骗，信息被有意无意地过滤，获得的信息很多是失真的。

这里举例说明一下。康熙皇帝坐在紫金城龙椅上面，问朝中的大臣，大清国怎么样啊？各位大臣们怎么回答？"皇上圣明，国泰民安。"康熙就很乐意，龙颜大悦。有大臣悄悄地告诉他说："皇上，其实未必是这样，你到社会基层去看看吧！"结果康熙皇帝微服私访，这种方式叫"越级检查"。康熙微服私访到了民间，看到的是国泰民安吗？肯定不是。可见，高层领导常常得不到最基层的真实信息，无法掌握最原始的、最根本的信息和一手资料。那么，怎么办呢？笔者建议职场人向康熙学习，要常常越级检查，深入基层，了解真实的信息和状况，不要掉进盲点区。

三、未知区的应对

自己不知道、别人也不知道的部分叫未知区。例如，有没有外星人？有没有飞碟？大家都还搞不太清楚。大家都不清楚的事情就不要去研究了，可以交给专家去研究。但也有一种跟我们工作相关的信息沟通有可能会掉入未知区。在实际工作中，自己不知道对方，对方也不知道自己，双方互为盲点区，这种情况也属于未知区。

这里举例说明一下。比如，小说《麦琪的礼物》其讲的是一对贫穷的夫妻在结婚纪念日互给对方买礼物，老公把手表当掉，给老婆买了一个漂亮的发饰，而老婆把漂亮的头发剪掉，给老公买了一个表链子。两个人拿出礼物来一看，啊，糟糕，怎么会发生这样的矛盾？他们是夫妻，天天相处在一起，有没有可能会针对某一个信息会产生这样的矛盾呢？这个就是未知区。

在工作和生活当中常常会发生上述例子中的情形。比如，以为他喜欢吃这个东西，其实他是不喜欢吃的，这是因为彼此之间的信息交换会出现了问题。

新中国成立以后，有一次中国的外交部门接待古巴访问团。由于古巴与中国两国之间的饮食习惯和文化习惯不大一样，总理提前特别交代，要调查他们的餐饮习惯和口味等，一定要接待得非常圆满。外交部第一天举行欢迎宴会以后很惊奇地发现，他们做的饭菜被古巴人一扫而空。领导过来看了后，认为这个饭菜的分量不够，不够古巴代表团吃。于是，第二天宴会加了20%，结果饭菜又被一扫而空。第三天又加了

20%，饭菜还是被一扫而空。四天之后发现，饭菜的分量已经加了一倍，但仍然是被一扫而空。领导就回来检讨了：第一，没有想到古巴代表团的饭量这么大，每次都吃完了。第二，如果有这么大的饭量，第一天古巴代表团吃得很少，那不是饿肚子了吗？第三，古巴代表团到底饭量有多大，是不是还需要再增加？第五天，古巴代表团要离开北京了，外交部领导就去送行，最后道别的时候说："不好意思这次招待不周，没有让你们吃饱。"没想到古巴代表团的团长说："这次到北京来中国菜很好吃，只是吃得特别撑。"这是为什么呢？古巴人吃饭跟中国人吃饭不一样，中国人吃饭习惯留一点，吃到空盘是很难为情的事情，但古巴人接近西方人的习惯，如果对方做得好吃就会全部吃完。实际上，第一天他准备的饭菜量正好，第二天加了20%就多了，那怎么办？为了中国人民的友谊，必须全部吃完，吃到第四天晚上，每个人都很撑。这就是因为国情不一样，风俗习惯不一样，所以产生了误会。

职场人面对信息沟通的这四个区域，应该做到扩大开放区，缩小隐藏区，消灭盲点区，消灭跟工作相关的未知区，如果是跟工作不相关的未知区，就把它交给专家解决。

四、主动反馈

职场人如何去消灭盲点区，防止出现未知区的误会呢？这就需要反馈。沟通的关键是要反馈。无论是否听懂都要做一个反馈，有什么疑问或问题可以进行提问，做一个回复。

中国人在反馈方面存在的问题：一是不喜欢做反馈；二是不习惯做反馈；三是不主动做反馈。中国人没有养成主动反馈的良好习惯，如接收到短信息、微信信息后，不少人不会马上回复。

职场人针对下属不够主动进行反馈的现象，该怎么办呢？笔者建议直接要求对方（下属）反馈。比如，给对方（下属）发一个短信息，要求他反馈，可以加上一句"收到请立即回复"，这样，对方回复的可能性就会增大。

当我们面对上级时，要学会主动给上级做反馈。主动积极地反馈和要求对方做反馈，这样就可以比较高效率地消除盲点区。

五、四种类型的沟通媒介

职场人在进行信息沟通的时候，会用到很多的手段和方式，这些方式就属于沟通的媒介。沟通的媒介按照声音和语言，可以划分为四种媒介（图10-3）。

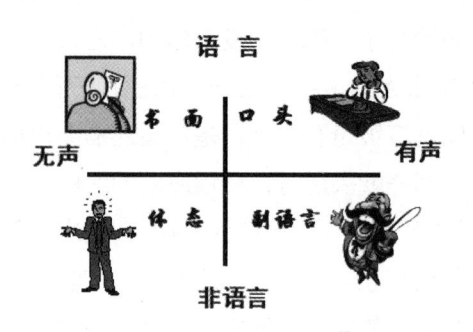

图 10-3　沟通的四种媒介

第一种是有声音的语言，叫口头，就是讲话的声音，比如说打电话、广播电台、录音音频等的声音。

第二种是没有声音的语言，也就是书面文字，如报纸、杂志、传真、通知、标语、文件等。

第三种是没有声音的非语言，叫体态。比如，人们的表情、目光、动作、手势、眼神等，这些都是体态。交通警察在指挥交通的时候，会有很多的手势和动作，这些动作表达了一定的含义，就是无声的非语言。

第四种是有声音的非语言，叫副语言或类语言。有声音但不是讲话，是非语言，如语音、语气、语调、节奏，还有很多哨音、电话铃响、警报器响等，这些都属于副语言或类语言。一般人讲话时如果语音、语气、语调、节奏、尾音有变化，含义也会发生很大的变化。

六、沟通需要多媒介

人际沟通媒介方面需要多媒介，沟通者运用的媒介越多，则沟通的效果就会越好，沟通的障碍就会越低。比如，讲课和开会就运用了多种媒介。第一，有口头、声音；第二，有书面的讲义、投影片和书写板；第三，有体态；第四，有语音、语气、语调，抑扬顿挫。

为什么电视媒介（视频、电影）比报纸和广播电台的影响力大，这是因为电视、视频属于多媒介。早期的网络和电脑都是从单媒介向多媒介发展的。在电脑刚刚被发明、运用的时候，大学里面学习的是 BASIC 语言和 DOS 系统，那个时候的电脑叫微型计算机（微机），其实就是一台打字机，它是单媒介的，只是换个地方打字而已，属于书面。后来的电脑可以装 CD-ROM，可以有音乐、图片和动画，现在的电脑则完全就是多媒体，集声音、图片和视频影像等于一体。互联网的网络早期也是平面的、书面的，所以很多早期主流网站（如网易、搜狐等）的功能就是看新闻，后来很多主流网站会以视频为主，视频内容非常吸引大家。视频、电视和电影就属于多媒介。

七、企业沟通的多媒介运用

企业沟通工作当中最常见以下四种沟通方式和手段：一是电话，它属于单媒介；二是书面，如文件、通知、便签、传真、邮件等，这在企业中比较常见；三是面谈，有一半的多媒介；四是会议。

那么职场人如何提高电话、书面、面谈和会议的沟通效率呢？

首先，电话可以和书面相结合。电话里只能谈比较简单的东西，稍微复杂点的内容就会有很多的问题，怎么办？可以先给对方发个邮件或短信息，逐条地与对方通过电话沟通和讨论。所以，应该把电话和书面相结合。

其次，书面要同电话或面谈相结合职场人给员工发通知和文件，所有的通知和文件能否确定大家都接收、了解和完全理解了？恐怕会有问题。那么，该怎么办？能不能见个面再一起讨论一下？能不能打个电话再具体交流一下？所以，书面要同电话或面谈相结合。

再次，面谈也需要完善。两个人见面一起谈话，尤其是职场人与下级做信息沟通，通常依赖口头的沟通，比较感性，运用书面比较少。大多数职场人不太习惯运用书面媒介，如笔记本、任务书、小便签、看板、墙报等书面媒介的运用不是很充分。这可能导致出现以下现象：①主管张三把下属李四叫过来，吩咐他有五项工作需要他去办。但李四未记全，只完成了三件事。为什么呢？因为小李没有做书面记录。②如果张三布置工作，让李四做记录，这样比第一种情况要好，但仍然可能会有问题。李四所记录的领导讲话要点，跟领导所讲的真实内涵完全一致吗？恐怕未必，要怎么办呢？建议上级给下级发布工作任务的时候最好给一个任务书或小便签。重要的工作任务需要有任务书，小型的沟通信息要有小便签，而且要双向交流，双方都要做反馈。这样，上下级之间就能大大消除信息沟通障碍。

领导和下属在进行面谈时，不仅要有口头的说话，还需要注意和观察对方的体态、动作、表情以及语音、语气、语调等，最好把书面和便签也结合进来，边说边写边画，多媒介运用的沟通效果会更好。

最后，比较常见的企业沟通方式是会议。团队开会时有没有做到充分运用多媒介呢？又用到几个媒介？

第一个媒介是口头。一般在部门、公司里面召开会议，领导一定讲话，一定有人发言，有"口头"媒介吗？当然有。

第二个媒介是书面。①我们在开会时，我们大都会用投影仪、投影片或PPT。②如果没有使用投影仪，往往会做一个白板。③除了用投影仪、做白板之外，参会人员应有内容讲义。④在开会时，所有的参会人员都要拿笔和笔记本进行必要的记录。但是，所有人记录的内容未必完全一样，因为大家理解的重点不一样，可能会存在一定的个人喜好和选择性。⑤会议结束以后，应该有没有整理一个正式的会议纪要，明确每个部门、每个人需要做的事情，并将会议纪要统一发放到每个人的手上。这是会后的追踪、消化和落实环节，要有一个书面的追踪计划，确保会议结论的落实和执行。

第三个媒介是"体态"。当公司在召开会议的时候，领导在台上讲话有手势有体态吗？①请问领导是站着还是坐着？站着效果好还是坐着效果好？其实，站着通常要比坐着效果好，有手势要比没有手势好。但有不少的企业领导常常是坐着开会的。②站在那里不动好还是前后左右走动好？事实上，有一些走动要比站在那里不动要好。③不走动，需要有体态吗？领导讲话时应有适合表情、适当的体态等。

第四个媒介是"副语言、类语言"。在会议当中领导讲话时有没有抑扬顿挫？领导讲话如果声音一直很平淡，大家听的时间长了就可能会打瞌睡。但很多公司开会时，领导长篇大论，讨论得没完没了，没有明确的会议议程和主持。显然这样的会议效果不会好。笔者认为应加强多媒介的运用，这可以提高沟通效率。

八、空间的沟通运用

在沟通的过程当中，两个个体之间的空间距离其实跟双方的心理距离是密切相关的，这也就影响了沟通效果。心理学家、生物学家研究发现每个人的身体外面都有一个无形的大气泡包裹着，这个气泡的半径大概是0.5米。越是位高权重的人，其气泡就越大越硬，互容性就越差；小人物、弱势群体、好脾气的、小孩子、女同胞则可能气泡就越小和越薄，互容性就很好。

这里举例说明一下。三四十岁的好姐妹一起去买东西，两三个人勾肩搭背搂着腰还拉着手，很亲密地走在街上很正常，可是如果是几个中年男人勾肩搭背一起走在马路上，就可能引来大家异样的眼光（有些人的包容性还不够）。这是因为男人的气泡相对于女人来说比较大，男人的气泡独立性比较强，互容性差。与成年人相比，小孩之间相处的这种空间距离就比较小。另外，成年男子尤其是高层男领导之间这种空间距离更大一些。所以，老板的办公室、车子都很大。

心理学家研究证明，人的确是有气泡的，而且会影响人的心理状态、情绪和幸福感。在很拥挤的情况下，这个气泡就需要收紧，就像把雨伞收拢起来一样。所以，人们在乘地铁、公交或电梯的时候，就需要把这个气泡收紧，但气泡收紧会不太舒服。如果人的气泡长期被收紧，无法得到释放和展开，就有可能会导致不同程度的心理扭曲，有可能会导致心理情绪上的失常或者患上抑郁症。

在人与人的相处和沟通过程当中，尊重人的气泡非常重要。例如，当我们走进老板的办公室，要不要尊重他？老板坐在办公桌（大班台）的后面，你要站在他的对面，要毕恭毕敬。老板很亲切地说："小王这边沙发上坐。"你不可以不假思索地就坐上去，要先看看老板坐什么位置，应同老板保持适当的距离。在面对下属的时候，我们可以拍拍他的肩膀，鼓励他一下。如果看到小孩子、儿童，才可以摸摸他的头、拉拉他的手，这代表对他的安抚，代表对他的一种喜爱。

面对人的空间需求和气泡，职场人应该如何进行沟通呢？第一，我们要尊重别人的气泡和空间距离。第二，要巧妙利用，以赢得更多的信任，建立彼此良好的关系。其实，人际空间距离代表着人们彼此之间的信任关系。0.5 米以下是私人空间，是密友的关系；0.5～1.2 米是朋友的空间，是一般普通朋友的关系；1.2～2.4 米是社交的空间，是普通商务关系或者是点头之交；3.6 米以上是社会空间，是一般演讲的听众关系，彼此不认识（图 10-4）。

密友：0.5 米以下（私人空间）
一般：0.5～1.2 米（朋友空间）
商务：1.2～2.4 米（社交空间）
演讲：3.6 米以上（社会空间）

图 10-4　人际空间距离

九、体态的沟通运用

沟通过程中的体态动作对沟通效果的影响非常大。卡耐基演讲学研究总结了沟通效果的影响因素，研究发现：体态动作占 55%，声调占 38%，内容只占 7%（图 10-5）。所以，卡耐基强调演讲技巧的重要性：怎么说比说什么更重要。

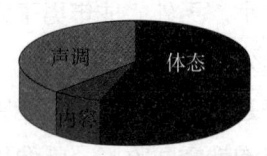

图 10-5 体态、声调、内容的影响所占比例

在沟通的过程当中，假如内容已经确定下来，那么该如何去呈现、表达呢？这在很大程度上影响着沟通效果。影响沟通效果最主要的是非语言因素。非语言因素包括体态、声调等，如果职场人希望能够有一个很好的沟通，就一定要学会借助自己的体态动作，借助讲话声调，把内容呈现得更好。

专家研究发现，体态比语言更真实，离大脑越远的体态越真实，越是下意识、无意识、不自觉的动作和体态更真实。所以，体态动作可能会泄露我们的天机。

体态也是一种语言，各种不同的体态表达着不同的意思，是比语言文字更重要的表达方式。如图 10-6 所示，这个人的手势在外国人看来是 ok，中国人则可能看成 3。

图 10-6 手势示例图

职场人要在工作和生活中学会仔细观察别人的体态，从而能够准确领会、明白对方想表达什么样的真正含义。

第三节 沟通的障碍与应对

一、沟通流程上的障碍

沟通过程中存在很多的沟通障碍，导致了沟通的失败。沟通时有哪些障碍？先要从沟通的流程环节上进行检查、检讨。

一是主题障碍，即脑子里想的不能表达清楚。

二是信息障碍，即词不达意，没有把真实意思准确、完整地表达出来。

三是媒介障碍，就是我们所选择的沟通通路、渠道、媒介可能是有问题有偏差。该口头说的没有说，写了，用的书面沟通；该写的没有写，可能说了，忘记运用书面沟通。多媒介就是最好把写和说结合在一起，还要再加上正确运用体态、表情和语气语调。防止出现我们嘴巴上说的和体态表现的正好是反的，结果对方误会我们的意思，造成沟通障碍。

四是客体障碍，即所讲的对方无法正确理解。由于双方的观念、价值观、立场、利益、需求、语言、文化、习惯等不同，在一方讲，另一方听时，极易出现理解错误。

五是反馈障碍，缺少回应和回复。不管自己是否听明白，都要给对方一个反馈和回应，如果有疑问可以发问。但有很多人不做任何回应，这就会产生很多的困惑、不解和障碍。

二、信息沟通漏斗

人们希望沟通的信息能够被对方完整地接收，并准确地理解和接受，可能吗？很遗憾，沟通中的信息总是在不断地衰减。沟通理论中有一个沟通漏斗，我们想表达100%的含义，结果表达出来了80%，对方听到了（接收）60%，对方理解了（接受）40%，记住了20%，最后行动了10%。这个信息不断地被衰减，就叫信息沟通漏斗（图10-7）。

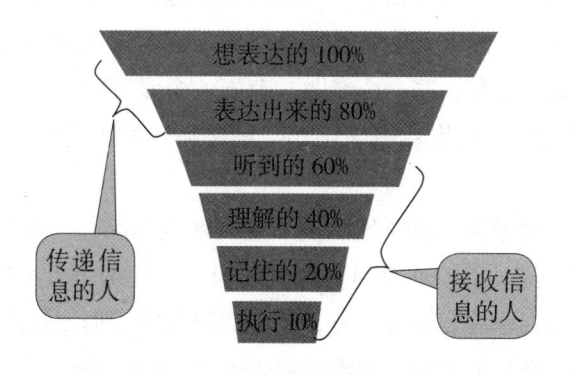

图10-7 信息沟通漏斗

三、沟通的心理障碍

沟通的心理障碍一共可以分为四大类：首因效应、近因效应、晕轮效应、选择性效应。

（一）首因效应

什么叫首因效应？两个人第一次见面，五秒钟之内形成的第一印象就叫首因效应。男女青年初次约会，需要穿一件漂亮的衣服，女孩子需要认真化一下妆，男孩也要把自己搞得帅一点。大学生去应聘工作，第一次去面试通常要穿一件干净整洁的衣服，把自己弄得精神一点，目的是希望给别人留下良好的第一印象。

（二）近因效应

什么叫近因效应？它指时间、空间或者特征的远近所带来的认知差异。近因的认知差异会带来沟通差异。

首先是时间的近因，即时间的远近带来的认知差异。比如，昨天的事情还记得，一个月之前的有点忘了，一年之前的忘得更多，十年之前的几乎忘完了，只有一些令人难忘的事情还记得。由此可见，时间越久，我们遗忘的就会越多。这就是时间的近因。

其次是空间的近因。一方水土养一方人，你在哪里出生、成长和工作，你长期待在什么样的气候和环境里，你就会对那样的环境很适应。相反，距离空间离得越远，你的适应性就会越差。比如，如果一个东北人突然来到广东，他会觉得广东太热了，适应不了；如果一个广东人突然来到北京或上海，他会觉得北京的气候很干燥，上海的阴冷潮湿和寒风刺骨吃不消。所以，空间距离、地域距离的远近也会带来一些差异。

最后是特征的远近。比如，如果是老乡是不是很容易成为朋友？一个学校毕业的校友是不是很容易成为朋友？同一个专业、有同一个爱好的是不是很容易成为朋友？这种个性或背景特征的远近也会带来认知、理解和沟通上的差异。这些都属于近因效应。

这里举例说明绩效考评中常常发生的"近因效应误区"。假如公司每6个月进行一次绩效考评，有一位员工前4个月表现很一般，后面两个月突然表现得非常好，6个月后半年度考评时领导需要给他打分。领导印象当中记得比较清楚的是他最近2个月的表现还是前面4个月的表现。答案是最近2个月的。所以，领导给他打分时可能就会往高打。等考核过了之后，这位员工又重新回到原来的前4个月的工作状态，等到要绩效考评了，他的表现马上又会变得非常好，这种巧妙应付领导考核打分的方式就是运用了近因效应的原理。

（三）晕轮效应

什么叫晕轮效应？就是以偏概全、刻板印象和预设立场。正月十五、八月十五的月亮显得大而圆，其实不是月亮变大和圆了，而是人们把月亮外面的一圈光环和晕轮看成了月亮的一部分，这被称为光环效应，即把一个事物放大或者缩小的一种偏见。

最经典的例子就是疑人偷斧。古时候，张三家里丢了一把斧头，他怀疑是隔壁邻居李四偷的。张三去看那个李四，上看下看、左看右看，怎么看都像是偷他斧头的样子。一天早上张三遇到李四，李四打招呼："嗨，早上好！"张三心想：你这是道貌岸然。又有一天两人遇到了，李四说："有点土特产送给你品尝一下。"张三心想：你这是做贼心虚。一个月之后，张三在自己家的地窖里面找到了那把斧头，张三再去看那个邻居李四，上看下看、左看右看，怎么看都是清白而可爱的样子。请问李四有没有偷他的斧头？没有。那为什么张三一会儿看李四像小偷，一会儿看他又是清白的呢？因为张三对李四所预设的立场不一样。如果我们认为他是小偷，我们就会怎么看他怎么像小偷，这就是晕轮效应。

袁隆平这样外表比较朴实的一个人，我们告诉你说他是一个知名的教授，是科学院的院士，著名的科学家，我们怎么看袁隆平，就是一位伟大的科学家。如果就以袁隆平的样子站出来，没有人告诉你他是著名的科学家，他说自己就是一个田间的老农民，我们怎么看怎么像一个普通农民。这就是晕轮效应，常常以貌取人、预设立场。沟通工作中很多障碍都来自晕轮效应。

（四）选择性效应

第四个沟通障碍是选择性效应。俗话说"萝卜青菜各有所爱"，对于同一个事物，不同人的喜好、想法、选择和判断可能是不一样的，因为每一个人对事物的评判标准都是不一样的。我们在沟通的时候常常会存在着选择性差异，甲乙双方签合同最后会产生一些歧义，因为甲乙双方对同一句话、同一段文字有不同的理解，是有利于自己还是不利于自己的理解呢？一般情况下双方都是朝着有利于自己的方向理解，这种现象就是选择性理解。我们对理解很多领导著作和讲话也常常会断章取义，形成选择性理解的障碍。

这里举例说明一下。老板说："假如今年业绩双超标，我们就到马来西亚吉隆坡玩一趟。"这个消息传到员工那里，员工就说："哦，老板答应了，今年要去吉隆坡玩一下。"员工把"业绩双超标"的前提和条件去掉了。

母亲跟儿子说："小明，星期天在家里做好作业以后才可以上网打一会儿游戏。"儿子转身就跟爸爸说："妈妈说了，星期天在家是可以打游戏的。"他把前提条件"做好作业"给去掉了。

总而言之，沟通共有四大障碍：一是首因效应，即第一印象给沟通带来的差异；二是近因效应，时间、空间和特征的远近给沟通带来的差异；三是晕轮效应，放大或者缩小的、预设立场的偏见；四是选择性障碍，即每个人按照自己的喜好断章取义，选择性地进行理解、沟通和认知。

第四节　沟通心理与情绪调整

一、相互作用心理

沟通除了表面信息的传递之外，还包含有情绪、情感、信念的隐形信息传递。职场人需要在沟通过程中适当加入一些情绪、情感、信念等，以取得好的沟通效果。沟通双方的情绪、情感等不一样，最后沟通的实际效果一定会不一样。

心理学有一个关于相互作用心理的PAC理论，是关于沟通双方的心理优势和角色定位。沟通双方因为其心理优势和角色不一样、实力和影响力不一样，通过相互对比和博弈，有可能会扮演三种角色：父母、儿童和成人角色；弱势一方是儿童角色，双方平起平坐、实力差不多就是成人角色。

第一，父母角色。当我们扮演父母角色的时候，通常会有两种类别：批评式父母和哺育式的父母。在自己处在强势地位、对方处在弱势地位的情况下，自己有可能强力压迫，强迫对方接受自己的看法，这叫批评式父母，属于刚性策略；在自己处在强势地位、对方处在弱势地位的情况下，自己不用强力压迫对方，而是用辅导、诱导、劝说的方式跟对方讲道理，给其一定的利益和好处，这种方法叫哺育式父母，属于柔性策略。

第二，儿童角色。儿童角色分为两大类型：适应式儿童角色和自由式儿童角色。在对方处在强势地位、自己处在弱势地位的情况下，自己顺从对方，可能自己心里不服、不情愿，但行动是服从、配合的，这叫适应式儿童角色；自己处在弱势地位，对方处在强势地位，但是自己不惧怕对方，敢于同对方做斗争，这叫自由式儿童角色。

第三，成人角色。双方势均力敌、平起平坐，斗争则双输，合作则双赢。双方好说好商量，一起坐下来谈判、沟通、协调、合作，采取合作共赢的方式解决问题。

PAC理论会影响沟通的效果，也会带来强弱双方的互动对应和反射行为。当强势的一方给弱势的一方施加压力的时候，批评式父母角色常常会带来自由式儿童角色的对抗。如果变为哺育式的父母角色呢？那很有可能带来的是适应式儿童角色。所谓"哪里有压迫、哪里有反抗"，对抗会带来反抗，压迫会带来抵触。可见，人们选择不同的心理角色，可能会带来不同的对应效果。

相互作用的心理状态大多是反射性的。一般建议大家在沟通中采用成人角色，即彼此尊重、相互交流、互利共赢。如果双方的实力落差非常大，那么作为强势的一方应该怎么办呢？笔者建议采取哺育式的父母角色。当领导与下级进行沟通时，建议用成人角色或哺育式父母角色。成人角色就是把下属当成与自己人格平等、相互尊重的人，平起平坐、共同协商、摆事实讲道理。可是，大多数领导可能不太容易摆正自己的位置，低下头来与下属协商。那么，怎么办呢？可以采取哺育式父母角色，尊重他、关怀他，跟他讲道理，用爱、用关爱、用怀柔、用尊重、用激励去跟他打交道。

沟通时有父母角色、成人角色和儿童角色，在团队管理中有不少的实际应用。领导在组织沟通当中，下属的反应是不同的。有的下属可能会用自由式儿童角色进行反抗有的下属可能会采用适应性儿童角色，其中可能包含着一些自由式儿童的意识。所以，职场人需要注意双方扮演的不同角色和心理情绪给沟通带来的影响。

二、同理心沟通

在沟通过程中，除了心理角色不同之外，职场人还需要站在对方的立场来体察和认同对方的感受，这就是同理心沟通。

同理心是情绪智商 EQ 的重要组成部分，可以分为四个等级：LL（很低）、L（低）、H（高）、HH（很高）。LL：挖苦对方、伤害和对抗；L：不理会对方，忽略对方的感受；H：照顾、尊重对方的感受，肯定和认同对方；HH：充分尊重、充分重视对方的情绪感受，设身处地、移情换位。

举一个服装商店的例子，看看以不同程度的同理心跟对方沟通会产生什么样的效果。有一位女顾客看中一件衣服，一翻价目牌说："哇，好贵呀！"导购员可以采取挖苦伤害、忽略、照顾和重视四种方式与她沟通。

第一种是挖苦伤害对方。女顾客说："哇，好贵呀！"导购员不断地挖苦伤害她："嫌贵啊，嫌贵就不要买，买不起就不要摸，摸坏了你赔不起。"

第二种是忽略。只关注生意和价格本身，忽略或不理会对方的情绪感受。对方说："好贵啊！"导购员说："不贵呀！一分价钱一分货，好货不便宜，便宜没好货。"忽略对方的感受，既没有肯定她，也没有否定、伤害她。

第三种是先认同对方的情绪感受，然后把这个事情说出来。对方说："好贵啊！"

导购员先认同一下他,然后说:"没错,看上去价格是稍稍贵了一些,因为质量、品质、加工都很好,所以很多客人反映这件衣服物有所值。"

第四种方法是充分尊重对方,设身处地为对方着想,重视对方的感受。同理心的重点是,先处理心情再处理事情,先建立人际再建立生意。所以,我们要站在对方的立场,充分尊重对方。对方说:"哇,好贵啊!"导购员应说:"女士好眼力,您真有眼光,一眼就能看得出本店最新上柜的巴黎时装,看得出来你平时穿衣服很有品位,而且您对服装的鉴赏能力也很内行。厉害,厉害!"导购人员没有去谈服装,没有去谈价格,也没有去谈生意,而是先照顾到顾客的心情、心理和情绪,让对方心情愉快、感觉良好,至于后面关于价格的问题自然而然也就迎刃而解了。

站在对方的立场上去进行思考,去体察对方的感受,这样的同理心无所不在。其实在家庭沟通当中也需要很多的同理心。比如,有一天做晚饭,老公或者老婆烧了一桌菜,结果有一个菜太咸了,现在另一方要把这句话说出来。下面运用四级同理心尝试一下,看看是什么效果。

第一种是LL(同理心很低),伤害对抗对方,说:"老公(老婆),咸死人啦,盐不要钱买啊,打死卖盐的啦,掉到盐罐子里面了。"这样说肯定会伤害对方。

第二种是L(同理心较低),客观地描述:"老公(老婆),今天这个菜盐有点多了,味道有点咸了,下次要少放点。"

第三种是H(同理心较高),先肯定对方,再把这个事实说出来:"老公(老婆),今天这个菜烧得还是色香味俱全,味道很好吃,就是盐有点放多了,有点咸了,如果少放一点盐,味道就更好了。"这样说,对方的接受程度会更高。

第四种是HH(同理心很高),充分尊重对方,但也要注意不能过头,过犹不及。一方说:"哇,老公(老婆),今天这个盐放得好啊!咸得好啊!正好这两天出汗多。"另一方说:"那你的盐还够不够啊?不够再给你加两勺吧。"所以,小心表扬对方,表扬过头了就会成为另一种挖苦和伤害。

三、沟通的主要方法

沟通的方式方法和技巧有很多,如说、听、问。只有巧妙地问,才能有效地听,才能恰当地说。说,要说得恰当,听,要听得有效,这取决于巧妙地问,巧妙地问问题才是真正的沟通高手。另外,看也是一种重要的沟通方式。看就是看体态。

四、倾听的技巧

职场人只有先学会倾听,才能确保后续沟通的效果。职场人的口号是让聆听成为一种好习惯、一种专业的习惯。

职场人应该怎么听呢?具体来说,职场人在倾听时应注意以下五点。

第一,浅坐。规范的浅坐是坐凳子的前三分之一,可是很多肥胖的人如果坐凳子的前三分之一,那有可能凳子会翘起来不稳,所以坐椅子的前二分之一左右也是可以的。但是无论你怎么坐(占凳子的百分之多少),都不可以把身体靠在后背上。靠在后背上的行为代表着你很放松或者很轻视对方。所以,在领导面前,或者在客户面前,我们都要浅坐,将身体微微向前倾。

第二,微笑的表情。微笑是国际性语言,保持微笑的表情是良好沟通的必要条件。航空公司的空姐是怎么训练微笑的呢?拿一根细的筷子一直这样横着夹在嘴巴里,一次保持一个小时。这根筷子一咬就要咬三个月,除了吃饭、睡觉之外,就这样一直咬着。

第三,点头、附和。当对方说话的时候,要不住地点头,还要随声附和。在附和的时候,最好还要有体态,如翘一翘大拇指。点头、附和的态度一定要诚恳、自然,让对方和自己都感觉舒服,这才是最高的技巧。

第四,目光交流。当对方说话的时候,要看着对方,要有目光交流和互动。需要注意的是,目光交流要掌握好火候和分寸。另外,在看对方时不能一直盯着对方眼睛的瞳孔看,要比较空泛地看过去,大概看到双肩到额头的三角区,同时保持目光的互动交流,点头示意。

第五点,记录。领导讲话时,有必要做记录。有一次,一家企业的董事长在台上讲话,下面干部做记录的非常多,笔者走过去一看,结果发现有个干部在纸上画了很多乌龟。笔者问他:"你怎么这样做记录?"他说:"为了对领导的讲话表示尊重,装装样子就在纸头上画乌龟。"在本子上涂鸦这肯定是不行的,做记录应该认真。

倾听一共可以分为五种境界。第一种是根本没有在听,左耳朵听,右耳朵出;第二种是虚假地假装在听;第三种是有选择性地听,只想听到自己喜欢的内容;第四种是认真在听,全神贯注地听;第五种是同理心地听。其中,最高境界是同理心地听。同理心地倾听才可以彼此之间建立信任,达到良好的沟通效果。

五、沟通的 KISS 原则

职场人在沟通过程中需要掌握一个最基本的沟通原则，叫 KISS 原则，即沟通要言简意赅，这样，沟通的效果才会好。

需要注意的是，言简意赅的前提是准确和完整，否则沟通的效果就不会好。在企业的组织沟通和信息沟通中有三大关键：一是要准确完整，宁可要慢一些，宁可低调一些，因为不准确、不完整的信息，即便传递得再快，也是毫无意义的；二是要简单；三是要快速和高效。这是我们所理解的沟通的 KISS 原则。

第五节　组织中的沟通技巧

一、沟通前的准备

在进行组织沟通之前，职场人需要慎重思考，做好充分的准备。具体来说，需要做好以下准备：①明确沟通的目的；②明确跟谁沟通；③把握对方的心态；④了解对方的背景信息；⑤掌握沟通的时机；⑥准备沟通的场合；⑦确定沟通的内容；⑧掌握沟通的方式；⑨明确沟通中需要表达的重点；⑩语气、细节和要求；⑪事实有没有求证过；⑫是不是能够要求对方回答；⑬具体到底要做些什么。沟通前必须做好充分的准备。"工欲善其事，必先利其器。"沟通之前的准备工作很重要，如果准备得不充分，那沟通的效果一定不会好。

二、与上级沟通的要点

如何跟上级沟通呢？这需要做到以下几点：

首先，要用同理心，摸清上司的意图。上级想干什么？他的目的是什么？他的需求在哪里？他希望下属怎么做？一定要搞清楚上级的真实意图。当然，上级的表达有可能是清晰的，也有可能是模糊的。在上级的表达不太清楚时，就很考验下属的沟通技巧。

其次，主动反馈。如果上级的意图是清晰的，那固然好，但如果是模糊的呢？下属就要再一次跟上级做反问、做明确、做确认，这个就叫反馈。需要注意的是，在跟上级进行反馈时，下属一定要多问选择题，少问判断题，不要问问答题。如果上级的表达讲得不太好理解、不太准确、不太清晰，下属就要先把上级的意图搞明白，主动进行反馈。请记住，一定要把上级完整、准确的意思搞清楚，再把这个指令和信息向下传达。有些职场人自己都不太理解上级的意图，就稀里糊涂地向下传达，最后这个信息就会发生偏差。电视综艺节目经常做一个游戏，即拷贝不走样，就是一堆人依次传话，或者按顺序重复前者的动作，正确理解意思才有可能重复相似的动作。其实，拷贝一定会走样的。上级的信息传达下去，就会在漏斗里面一层一层衰减下去，到了基层员工那里，可能就会不知道上级要求做什么。所以，要主动做好反馈，先对信息进行确认，然后往下传达。当然，如果下属已经理解了上级的话，该怎么办呢？还是需要做反馈，即用自己的话把上级说的话再重复一遍，请上级确认。

最后，随手记录。上级在布置工作任务的时候，下属要学会随手做记录，并抓住重点，然后把书面的记录和其他的疑问与领导做确认和反馈。假如是非常重要的工作，就一定要把它做成一个文案、报告或签报，让上级签字、批示。

另外，如果上级在表达的时候很笼统，下属就应该把笼统的事项分成几个步骤，然后让上级确认。

三、与上级沟通的两个关键点

与上级沟通时非常重要的一点是下属的态度、心态、情绪、表情和体态。其中，有两个关键点，需要给大家强调。

第一个关键点是与其不情不愿，不如满心欢喜。当上级下达指令时，很多基层管理干部总是讨价还价、不情不愿，导致上级心里很不高兴。但最后他又迫不得已接受这个任务，而且最后完成得还很不错。如果是这种情况、这种态度，上级对你的绩效考评的分数可能不会很高。为什么呢？因为态度差。有很多的管理干部一不小心就会掉入这种陷阱。请记住：与其不情不愿，不如满心欢喜。有的干部会抱怨说，上级领导既要马儿跑又不给马儿吃草，工作的条件和资源不够。既要马儿跑又不给马儿吃草，这说明他是一个优秀的领导，因为企业的资源是有限的。运用有限的资源如何很好地完成上级交代的任务，这就需要员工认真思考，列出多个可供选择的方案，供上级选择。所以，要向上级多问选择题，少问判断题，不要问问答题。

第二个关键点是要建立积极主动地与上级沟通的机制和渠道。积极主动地了解与上级沟通的模式分类、沟通的习惯和偏好、沟通的媒介和方法，建立专门的上下级沟通的机制和渠道。俗话说：早请示、晚汇报，让领导对你完全放心，产生信任，当然要看领导是不是喜欢，一天沟通一次或两次的频率是否最佳。很多职场人漏掉这个关键环节，误以为只要认真工作，拿出结果来向领导汇报就可以了。经常性给领导请示汇报，浪费时间，而且有拍马屁的嫌疑，个人也不喜欢。这种年轻干部普遍具有的单纯想法，掉进了沟通陷阱：缺少上下级沟通机制，大多数会缺少相互信任，很容易造成工作的障碍和误解，结果常常是年轻干部感觉到不被上级理解和重用，怀才不遇。

四、调适与上级的沟通模式和频率

不同的领导，他们的沟通模式、流程和机制是不一样的，有三大类型：视觉型、听觉型、感觉型。①视觉型领导不想听你说话，啰里啰唆，一切以白纸黑字为准，要你发邮件、文件和简报来，写书面报告来。视觉型领导就喜欢看报告、看文字，当然，书面报告也需要简洁，以不超过一页纸的报告内容为宜。②听觉型。不要动不动就给领导长篇大论的书面报告，听觉型领导没有那么多时间仔细看，你向领导做口头汇报，一分钟、两分钟，最多五分钟，把它讲清楚就可以了。③感觉型。感觉型领导不要写，也不要说，而是和你一起坐下来喝茶、吃饭、聊天，或者到办公室里面坐在沙发上拉拉家常。

不同的领导有不同的沟通工具、场合和方式。有些领导喜欢开会，有些喜欢表单、数据，有些喜欢看邮件、简报，有些领导喜欢你给他打电话汇报。所以，职场人一定要针对领导所匹配的那个沟通特性和特点来跟他做沟通。

不同的领导有不同的沟通频率。有的领导喜欢一个月开一次会，有的领导喜欢一周开一次会，有的领导喜欢每天都要做汇报，甚至有的领导喜欢早晚各一次。

不同的领导对于沟通的时间段也不一样。有的领导喜欢每天上班前，有的领导喜欢每天下班后，有的领导喜欢中午吃便当、吃午餐一起交流一下，有的领导喜欢上班后、午餐前和下班后。沟通的地点也不同。有的喜欢到办公室或会议室里去开会，有的喜欢你到他办公室做一个汇报。所以，职场人要小心谨慎，花一点心思和精力用于分析并理清上级领导的个性、常用的沟通方式和模式，还要选择好与领导沟通的恰当的时间间隙和空档。比如说，通常是上午什么时间段、下午什么时间段你可以给领导打电话，可以到办公室敲他的门，可以进去跟他面对面地沟通交流。

五、建立主动积极和畅通的沟通机制

请记住，一定要与上级领导建立主动积极和畅通的沟通机制、模式和沟通媒介。上级领导坐在偌大的办公室里面，他想不想掌握、想不想知道下面各个部门的工作进度和实际状况呢？当然想知道。可是作为下级的你又不向他汇报，那怎么办呢？他最有可能跳过你，直接到你的基层部门做突击检查，当然也有可能会打电话把你召过来汇报工作。按照各位的经验，如果你接到上级的这种类型电话（领导叫你过来一下），通常是好消息多还是坏消息多？坏消息多。坏消息多就意味着你积极主动地向领导汇报和沟通得太少了，上级已经患上了与你沟通的"饥渴症"，此时的上级非常急需你的主动汇报，因为上级不了解贵部门的实际情形，认为你已经开始"失控"了，你要多多地与领导沟通。当然比较少见的情形是你可能与领导沟通得太频繁、太多了，影响了领导的工作，早请示、晚汇报，遭到领导的反感和讨厌：干活去！不要有事没事就过来请示，小事情可以自己做主。也有可能会出现这种沟通过多的情形，不过比较少见。

　　大部分的情形是你向领导汇报请示得太少了，最后领导到你的基层部门突击检查，掌握了很多的纰漏和问题，发现了很多的异常，而这些问题主管你自己都不知道，都没有发现。此时，你会非常被动，向领导做的任何解释都是苍白无力的，所以职场人需要积极主动地跟上级做沟通。我们有很多年轻人，三十岁以下的年轻干部总是会有一种很幼稚的想法，那就是早请示、晚汇报，拍马奉迎没有必要，我们要干出成绩来，要用最后的实际结果向领导报告，用结果说明一切，用实力说明一切。

　　如果作为一名下属，你的工作计划不汇报，工作进度不汇报，工作有什么困难不汇报，过程成绩和最后的结果不汇报。如果有了偏差，发生了大的问题，领导都蒙在鼓里，一直到重大危机发生而领导却一无所知。你认为领导会适时地支持你、谅解你吗？所以各位职场人应该很清楚，要让领导感觉到一切皆在他的掌握之中，这一点非常重要。你的部门所有的工作信息，对于领导来说应该是全透明的。岗位职责、工作目标、目前的进度、可能会碰到的困难等，一定要让领导很清楚、随时掌握。

　　无论是对上还是对下，对方对我们的信息掌握得越多、信息越透明，彼此之间的信任度和配合度就越高，否则就会常常产生误会、误解，导致相互猜忌，产生双方的矛盾冲突，这一切都是源于双方的沟通障碍。所以要好好地跟上级沟通，跟上级沟通得越好、越顺畅，对我们工作的帮助就会越大。

六、霸道领导的指令如何执行

　　领导如果为典型的力量型，为人比较霸道，他经常是在你没有把问题说清楚时打断你，并武断地给你一个并不能解决问题的方案。执行吧，会带来严重后果；不执行吧，会得罪上级。真是很为难，我们到底是该执行还是不执行呢？

我们在实际工作当中常常会碰到这样的情形，就是我们的上级领导会给我们一个指令，但我们认为是错的，如果照这个指令往下做早晚会犯错。可是如果不服从领导，那现在就是"错"。请问您选择怎么办呢？

首先，我们要来检讨一下，到底是我们上级有错，还是我们自己有错？这个领导是典型的力量型，为人比较霸道。其实领导都是力量型，这不是"霸道"应该是"霸气"！有问题的是我们，而不是领导。他"武断"地打断我们，应该改成"果断"，是我们自己沟通有问题，没有抓住重点和核心。所以沟通需要简明扼要，即采用 KISS 原则：Keep it short and simple。

国际上有一个叫"电梯沟通法"，是非常重要、高效地跟上级进行沟通的方式，就是在一分钟之内把你想表达的意思表达得非常清楚。下面模拟一下情景：你拿了一份签报或文件，需要请示总裁签字。你走进总裁的办公室，总裁拎起包说："正好我需要赶往机场，我们就边走边说吧！"你和总裁一起走出了他的办公室，走进电梯，一直下到底楼车库，总裁拉开车门准备上车，这个全过程大概时间为一分钟。在这一分钟的时间里面，假如你表达得很精确、很清晰，领导听得很清楚，就会在你的签报上签字，"很好！去做吧。"假如领导没有听清楚，不明白你在说什么，他通常会怎么说？"这件事情先放一下，等我回来以后再做决定吧。"可是，你很清楚、很着急，这件事情明天就要拍板，领导出差一周以后才回来，时间不等人呀！那这个问题出在哪里呢？出在你自己身上，因为你的表达和沟通没有抓住重点，没有得到领导的肯定。这里的主要原因是：第一，没有让领导听清楚你到底要干什么；第二，没有向领导推销，让领导在一分钟之内意识到这样做是很必要的，对公司是有很大帮助的，我们投入的每一分钱都是值得的，就应该这样做，必须这样做。这是你自己的沟通技巧问题。

七、领导的方案是错的该怎么办

这里最大关键是"领导给了一个错误的、不能解决问题的方案"。你认为领导是错误的，领导就确定是错误的吗？有没有可能是你自己错误了呢？上级领导（高层）站的角度、掌握的资源和信息、对公司战略意图的理解跟我们职场人是不一样的。所以职场人需要小心，不要轻易认为领导是错的，大多数情况下可能就是我们自己错了。

如果偶尔碰到一种特殊情形，那就是领导真的错了，我们也应该尽可能补救，挽回损失。比如，《三国演义》里面刘备要兴兵伐吴，诸葛亮（孔明）几次劝谏都失败了。

从历史的角度来看，蜀国兴兵伐吴是错的，破坏了跟东吴的联盟，最后被曹魏统一了中国。那诸葛亮一劝、二劝、三劝，最后无力回天。面对我们认为不是很合适的上级领导的一个指令或决策，请问你要不要执行？看看孔明怎么做的就知道了，当然要执行，可是在执行之外、执行之前还需要与领导做私下的沟通。所以我们建议你：

第一，需要执行和服从，最起码要做好充分的执行准备。

第二，准备一份书面报告。书面方案里面包括：①目前的形势，分析我们现在处在什么位置；②可能会发生什么样的后果，后果分为上、中、下，有乐观的、可能的和最悲观的三种；③针对不同的后果要采取不同的补救措施，如何挽回。

第三，找一个私下的机会跟领导面谈沟通，递交书面报告。你把书面报告递交给领导，跟领导做私下沟通。这时要小心，态度和情绪非常重要，要让领导能够理解到你的拳拳之心，能够理解到你为公司、为组织整体绩效的改善正在提供更好的解决方案，能够体会到你的这种善良的动机和想法及负责任的、积极主动的态度，这非常重要。

第四，沟通完成了之后，那就服从领导，按照领导的指令执行。领导说刹车你就刹车，领导说继续前进你就继续前进，领导说怎么做调整就按照领导的盼咐来。

需要特别提醒注意的是，所有的决策都需要在领导的授意和决定之下再做调整和改变。我们最害怕的情形就是，有一些下属自以为是，阳奉阴违，表面上答应领导要这样做，实际上还是按照自己的那一套办，这样做的结果会自掘坟墓、后患无穷。

八、外行领导否决了我的方案怎么办

有一个案例说的是外行的领导否定了我的方案，我应该怎么办？

案例：我的上级是一个专业上的外行，在一次上级下达任务的时候，我从专业的角度做了一份完美的方案，但是被上级否决了，这件事我该怎么办呢？有以下几个选项：

A. 说服 B. 顺从 C. 修改 D. 对抗 E. 其他的方案。

请你思考，上级领导是不是应该是专业上的内行？是内行领导内行还是外行领导内行？其实，优秀的公司越是高层的领导，越是外行领导内行。在唐僧西天取经团队里面，降妖伏魔方面，悟空是内行，唐僧是外行。但是对于西天取经这个使命、项目，佛家的理论和修行方面，唐僧是内行，悟空是外行。所以没有一个人三百六十行，行行都精通，那是不可能的。

高层领导理所应当是你这个专业上的外行，否则上级领导为什么要仰仗你这个职场人呢？职场人在接受任务、团队管理和完成目标的时候，应该从专业角度还是组织的整体绩效角度思考问题？你不是一个简单的技术工程师，也不是一个技术骨干，你应该更多地从组织绩效的角度思考问题。

案例中"做了一份完美的方案"，一份方案行不行？有没有绝对完美的方案？所以，这一点是有问题的。我们有一些学员说："我先尽量说服领导，如果无法说服我再修改。如果修改了还不行，我就只能顺从了。"你这是变色龙策略呀，变得倒挺快。这样恐怕是不妥的。我个人的建议是选 E，提供三个可供选择的方案，从组织绩效的角度供上级选择。再强调一下，职场人与上级沟通，多问选择题，少问判断题，不要问问答题，这样才能保持与上级的良好沟通。

第十一章 职场常用的管理工具

管理工具的使用是职场人必备的基础技能。专业的职场人或者部门管理干部在管理工作当中通常会用到很多的管理工具。所谓"工欲善其事，必先利其器"，职场人干活都需要有一个好的工具或器具，这样可以大大地提高管理效率。

管理工作当中的工具应用会涉及很多模块。例如，目标和计划管理，职场人需要拟订周计划、月计划和年计划，周检讨、月追踪检讨和年度总结报告，这些属于目标和计划管理；QC质量管理，质量管理里面有QM、QC、品管圈、QC的七大手法等，IE（工业工程）里包含管理改善、工作改善、提案改善等；分析和解决问题，怎么分析问题原因，怎么找出重要、关键的原因，怎么制定解决问题的相应策略，这些策略怎么优选，怎么筛选等；流程优化，工作流程应该怎么规划，流程图应该怎么画，传统的线性流程图是不行的，需要把它改成矩阵式的标准化方式。以上这些其实都是管理工具。管理工具非常多，这里我们与大家分享六个比较常用的管理工具：①SWOT和5W1H工具。②头脑风暴，又叫脑力激荡。③柏拉图，又叫帕瑞托图。④鱼刺图，又叫因果图。⑤甘特图，又叫计划表、进度表。⑥决策优选。当我们有很多个方案的时候，如何好中选优，选出一个比较好的接近最佳的方案，或者分析原因时，从很多的影响问题的原因里面，找出比较根本的、有倾向性的、大家共同认同的关键性原因。

第一节 SWOT和5W1H技巧

首先我们来看看常用的两个小工具：SWOT和5W1H技巧。

一、SWOT分析

所谓的SWOT分析，实际上就是讲优势、劣势、环境与挑战的全面整合分析法。

我们做一个决策、制定一项制度、采取某些措施、做一项改善或者给公司定战略、定目标、定发展方向的时候，首先要对自身和外部环境的状况做一个综合分析：目前我们处在什么样的位置，有什么样的长处和短处，哪些外部环境对我们是有利的，哪些对我们是不利的。所以通常我们就给画一个十字图形，分成四个小单元。第一类别是分析自身的优缺点；第二类别是分析外部有利和不利的方面。自身内部的有哪些长处和短处，外部环境有哪些有利和不利的方面，通常有利的叫机遇或机会，不利的叫威胁或挑战。

SWOT分析就是画这么一个十字图形，针对自己能力和外部环境做客观、理性的分析和判断：分析自身的长处和优势是哪些，自身的短处、弱点、缺陷、不足有哪些，外部环境的机遇（有利的）有哪些，对我们不利的挑战和威胁有哪些。

SWOT分析即一方面通过对内部的自身条件做全面的评估和分析，另一方面通过对外部环境有利和不利的方面做综合分析，这样我们就可以充分、完整、客观、准确地看待自己所处的实际位置。例如，企业在制定战略的时候，必须清楚本企业是做领导者还是跟随者；在选择竞争战略时，是选择差异化战略、聚焦型战略还是价格优势战略；在做战略选择或策略性判断的时候，必须充分认清自己的资源，尽量把优势资源、好的资源集中到一个点上，能够尽可能地发挥自己的长处，尽量避免、规避自己的短处和缺点，抓住外部的市场机会，或者能够迎接外部环境的挑战，降低外部环境对自己的威胁。SWOT技巧从国家到企业都可以运用。以国家为主体、以企业为主体或者以个人为主体，包括小孩上学、升学、选择专业、报考大学，都可以做这样的分析和判断，其实就是SWOT的分析。这是我们在解决问题、制定策略时最基础、最常用的一个管理工具。

大家可以回去做一个练习，主题是中国发展前景分析，如在目前国际环境下中国的长处是什么，短处是什么，外部国际环境对中国未来的发展机遇有利的地方是什么，威胁、挑战和不利的地方是什么，你来分析分析，也蛮有意思的。

二、5W1H

第二个小工具是5W1H。5W就是：谁WHO，做什么WHAT，什么时间WHEN，什么地点WHERE，为什么WHY；1H是HOW DO，怎么做。5W1H即谁、何时、何地、做什么、为什么、怎么做这些基本要素。

我们写一篇文章、讲一个故事或者论述一个问题，都需要运用5W1H这些基本要素，进行充分完整的表达，需要彻底搞清楚这些要素。所以我们研究一个事物或问题，假如这些基本因素都没有搞清楚，那后面的讨论往往会偏离方向。因为你对这个事情原始的基础信息了解得还不够完整。我们在做沟通的时候经常会犯类似的错误。

例如，几个朋友约了一起去吃饭。你已经到了约定的地方，一看没有其他人，就开始打电话："小王，你到哪儿了？"你问小王到哪儿了，却没有告诉他你已经到哪儿了。所以，通常我们在告诉对方信息的时候，先要说你已经到了某地址的饭店了，已经坐在二楼的几号包厢里了，其他人都还没有到。菜点了没有，要不要先点菜，其他人大概几分钟到，他说："我也不知道到哪儿了，这个地方我也不熟，不晓得在哪儿，我们在地铁上，也不知道到了哪一站。"这样的沟通就会容易出问题，信息模糊，要素不全。

有一个女同胞家里厨房间着火了，她打电话给119报警："我们家着火了。"119接线生就问："你家在哪里？是哪里着火了？"

女士说："我们家厨房间着火了。"

接线生："我不是问厨房间，我是问你们家在哪里？"

女士："就是我们家厨房间，我家住在五楼。"

接线生："我们到底去哪里？"

女士："来我家救火。"

接线生："我们怎么去？"

女士："你们不是有消防车吗？你们自己开车来呀！"

这是一个老段子，叫标准的答非所问。如果运用5W1H的思维方式。应该说：我是谁，怎么了，什么地点，什么时间，现在是什么样的状况，我家住在哪个区几号几弄在哪里，是什么状况，我怎么应急处理。所以，五个W一个H这些要素是非常重要的。

职场人还需要掌握其他的一些管理工具，如头脑风暴会等，职场人应该怎么做呢？

第二节 头脑风暴会

在管理工作当中比较常用的一项管理工具就是头脑风暴会，它常常用于问题分析与解决和创新创意方面。比如，场景一：团队伙伴一起群策群力、共同分析形成一个问题的原因。造成某个问题都有哪些原因呢？从所有可能的原因中要找出一些比较关键性、重要性的原因。场景二：提供、选择和优化解决这个问题的最佳解决方案。解

139

决方案有哪些呢？我们优先选择哪个方案？场景三：关于某一个问题或某一个工作方式，我们需要进行创意、创新和策划。这就需要大家一起进行头脑风暴、集思广益、群策群力，这个时候也会用到头脑风暴会。此外，做年度总结、计划会议、提案改善、客户的投诉问题应对、团队例会等也常常用到这种汇总大家智慧和点子的重要方式——头脑风暴会。

一、什么是头脑风暴

什么是头脑风暴会？头脑风暴会是一种开发团队智慧的技术，是一种所有团队成员的初始想法都能被收集到和考虑到并加以整理、筛选、利用的一门好的技术、一个好的管理工具。头脑风暴会的基本原则如下：假如我们拥有主意的量越多，我们提供的答案、建议、参考数量和种类越多，品质就有可能越好，最佳的选择方案就越有可能在里面，我们就越有可能找到所需要的解决答案。

二、头脑风暴会的作用

头脑风暴会具体有哪些作用呢？第一，可以为团队工作找出问题，获得机会；第二，能够确立收集哪些材料和一些初级的想法；第三，当需要做鱼刺图（因果图）的时候，可以帮助我们找出所有的可能的原因；第四，可以帮我们找出潜在问题的答案，有可能协助我们发现存在哪些简单的问题、有哪些办法，或者帮助我们找出解决这个问题、实现这个目标的方案，有可能会发现一些意外的障碍，或者得到一些新的创意等。头脑风暴会对团队管理工作的帮助还是蛮大的，属于比较基础的管理工具。

三、结构化与非结构化

头脑风暴会有几种类型呢？在国际上和管理界通常把头脑风暴会分为结构化和非结构化两大类。什么叫结构化？结构化的头脑风暴会就是按照（1、2、3、4、5）次序依次来，一个都不间断。什么叫非结构化？就是1可以跳到3，3可以跳到6，6可以跳到8，8也可以跳到12，再跳回5也可以。不一定很有规律，不一定要按部就班地来。所以，按次序、按部就班地来提供主意、提供想法的，这种方式就叫结构化，就是强制顺序、一个不漏；有想法、有建议就可以提的，随时可以举手提的，这个叫非结构化。

结构化的头脑风暴会就是对团队负责人或者会议主持人提出问题，团队成员一个接着一个地提出自己的见解，每人每次只能提一个。如果你有两个、三个或更多的想法，就需要等大家都轮完了，你再提，即下一次轮到你提的时候你再提。如果没有想法，你就要站着，先跳过你，一直到你想到一个答案才可以坐下来，这才算完成了这一轮。假如有三位成员还没有想到，可以看看能不能补充，补充完了把它写到白板上，你才可以坐下。这样强制性地让每一个人都发表自己的看法和意见，不跳过、漏掉任何人的方式比较适合敏感的、大家都不愿意说话的时候。也可以有一个变形方式：先给每个人发 n 张小卡片，然后在规定的时间里面每人在小卡片写上自己的主意，一张卡片一个主意，时间到了，每一个人都把小卡片交上来，然后就粘贴在这个白板上面。主持人一个一个报，如果每一个人都说这是可以的，就继续留着，否则就划掉这个主意。这种方式叫结构化。

非结构化就是自由风暴。例如，请大家共同思考：我们现在有一个什么样的问题，是关于什么的方面？造成这个问题的主要原因是什么？有什么好的看法？关于这个问题，你有什么补充？或者你认为真实的原因是什么，关键的原因是什么？怎么来解决这个问题？有什么好的措施？想到的就举手说，或者每个人发一个卡片，有写的就交上来，不强制每个人都写或者写多少，这个方式就叫非结构化。

结构化需要每个人都发表意见；非结构化就是想到就说。

比较一下这两种方式的优点。结构化的优点是不容易让某个人主导整个讨论过程，容易掌控场面，每一个人都有机会轮流说，每个人都必须写卡片，也允许成员有充分的时间加以思考，能够思考得更加完整。

结构式与非结构式也有一些缺点。结构化的缺点是很难等到每一个人的思考和结论，有些人没有思考，也没有结论；讨论的节奏太慢，花的时间比较长，不容易在别人的基础上再发挥；因为会议程序强制性要求每一个人都要说或写，团队能量可能会有些损失，成本相对就高一些。非结构化的缺点是难以主持和控制讨论的程序，通常是外向型、强势型或者大领导容易占主导地位，内向性格的基层员工则成为潜水者，常常保持沉默。如果组员没有经过认真思考就立即发表意见，非常容易迷失方向、跑题或者失去控制性。

结构化和非结构化的头脑风暴会的基本规则和流程是一样的。基本规则有四点：第一，强调主意的数量而不是质量；第二，鼓励荒谬和牵强附会的主意；第三，避免对所出的主意进行评价和判断；第四，鼓励对别人的主意搭顺风车或者加以发挥。所以，头脑风暴会就是不断地做加法，哪怕是很荒谬、很莫名其妙或者牵强附会、异想天开都可以。

四、头脑风暴会的步骤

头脑风暴会就是要鼓励大家异想天开，基本步骤如下：

第一步，确定头脑风暴会的主题目的和目标，把问题或题目写在白板上，或者是每人发一张卡片，把题目写在卡片上。

第二步，确定运用哪一种方式，是结构化的还是非结构化的，是强制每一个人都发言，还是有办法、有主意、有想法才说。

第三步，强调四大规则，尤其要强调不要轻易否定，不要别人提一个点子，就马上反对。到了后期该否定的时候再否定，不要刚开始就轻易否定。

第四步，非结构化的就是有人任意说出自己的想法，结构化的就是按次序每个人轮流说出自己的想法。

第五步，把每个人的想法一个一个地记录在白板上，记录下来以后，当团队的主意已经耗尽、挖干净时，主持人用提问的方式看看还有没有更多的主意或其他的补充。先收集足够多的主意，把加法做完以后，再开始做减法。前面一段做加法，鼓励大家搭顺风车、异想天开，想法越来越多，一张白纸不够写两张，两张不够写三张，写完了以后再开始做减法。

第六步，开始做减法，即删减、淘汰和筛选。把比较好的留下，把明显谬误和不可能的剔除出去，只要有人特别坚持这个意见，就暂时留着。然后，边讨论边删除，从众多选项中选出一些闪光点。

头脑风暴会的重要提示：①必须清楚地定义头脑风暴会的目标。②在产生主意的时候不要随意评价或者批评其他人的主意和想法。只要求数量，不要求质量。③先要求数量，不要求质量，然后慢慢把明显不适合的想法擦掉、删除。把所出的主意很确定地写下来，不要重新组词，他原来是怎么说的就怎么写，不要去为意会去调整词汇，可能词汇一调整意思就不一样了。④当完成第一阶段以后再完成第二阶段，先把加法做完再做减法。所以，一定要防止掉入头脑风暴会的陷阱，即不遵守基本的讨论规则，没有将所有人的办法和主意全部都写在白板上。

举一个实例：我们团队怎样才能取得99%的客户满意度呢？①要把团队成员先召集起来；②要把这个题目写在白板上，一人发一个小卡片；③每个人举手发言或者写在小卡片上，把所有发言在白板上一一展现出来；④从中找出一些比较关键、比较重要的影响因素。

第三节　柏拉图

一、二八法则

如何从众多因素中找出重点因素呢？职场人常用的管理工具就是柏拉图。柏拉图是西方著名哲学家的名字。当然，"柏拉图"的叫法有多种，也有翻译成"帕累托图"的。柏拉图是一个很经典的原则，叫柏拉图原则，就是大家熟知的二八法则。柏拉图认为，世上的万事万物都可以分为重点的少数 20% 和次要、一般、普通的非重点的多数 80%，而且重点的少数比一般的多数更多地影响和决定了事物的最后结果，即大部分结果是由少部分、重点因素所决定和造成的。

举例说明。①企业面临着解决产品质量的问题，造成产品质量不合格的大部分原因是少部分的关键因素，或者说少数的关键因素导致了大部分的质量问题。②分析销售业绩的产生结构，销售队伍里面少部分的顶尖业务人员创造了大部分的销售业绩，或者一半以下的高手销售人员带来了一半以上的销售业绩。③财富和权力分配。在社会财富和权力分配方面，大部分的财富掌握在少部分的富人手里，大部分的权力掌握在少部分人手里。④问题产生的原因。导致问题产生的大部分原因集中在少部分原因那里。

为了体现二八法则，职场人需要研究各种因素，将造成这种结果的各种因素的不同比例用柱状图形画出来，从而找出关键性因素和关键性原因。这种方式称之为柏拉图。其实，也可以称为"二八图"，只不过"二八图"不太好听而已。柏拉图把各种影响因素或原因按照影响度占比的大小顺序来排列，显示出对某一个问题或者结果有不同影响程度的柱状图标，从很多因素当中挑选出最重要关键的少数几个重点因素。为了充分体现二八法则，必须挖掘出 70%～80% 的问题是由 20%～30% 的关键原因、根本原因导致的。所以，如果我们能够针对 20% 的关键原因加以整改，就有可能得到 80% 的效果改进。

二、什么是柏拉图

什么是柏拉图？有专家解释，柏拉图是根据所搜集的数据以不良原因、不良状况、不良发生率或者客户抱怨的种类、安全事故等，区分找出影响比例最大的项目或者原因，构成的项目按照大小次序进行柱状排列，再加上它的累计值所得到的一个柱状图形。从不同因素构成的影响比例就比较容易了解到导致这个问题产生的重点、关键影响因素，得出关键性的因素。我们从这些重点因素或者重点项目入手，加以改善就比较容易得到改善的成果。所以，二八法则所体现的一种工具图标就被称为柏拉图。

举一个例子，我们研究影响品牌的主要因素有哪些？影响一个产品品牌的因素有哪些呢？有人调查发现有产品（服务）质量、广告宣传、价格、功能、人脉等。其中，产品（服务）质量因素占55.2%，广告宣传因素占30%，价格、功能等这些因素叠加起来才占不到15%。可见，影响产品品牌的关键因素是产品（服务）质量和广告宣传。

影响品牌的因素中排在第一位的是产品（服务）质量，就是产品的品质到底如何，是否经得住市场的考验。当然，在互联网社会，产品品质的内涵需要重新加以定义，即品质是不是恰好满足消费者的核心需求，能帮助客户解决关键问题。

举个研究客户满意度的例子。在移动互联网的时代，影响客户满意度的因素有哪些呢？一是恰好满足客户的需求或者满足客户需求的匹配度；二是客户体验和使用以后带来的尖叫度；三是客户体验。客户使用产品了之后是不是感觉很满意？感觉到很棒？他的心理体验和感觉如何？这个叫客户体验。客户体验的因素之后，再来看所谓的产品功能、产品的价格、产品质量。至于该产品生产工厂的规模是大还是小，产品具体是在哪里加工、生产或组装的等则不重要。

柏拉图能够体现出二八法则，找出关键性的因素。柏拉图的基本用途如下：用数据显示对某问题影响因素的大小、先后顺序，用图示的方式强有力地表明某因素对该问题的重要性。我们可以抓住关键因素进行必要的改善和持续改进，以带来团队的绩效结果变化和提升。通常会把柏拉图与鱼刺图（因果图）联合起来使用。图11-1为柏拉图示例。

三、制作柏拉图的步骤

第一步，弄一张表，定义数据表格的方式。

第二步，搜集所有的调查数据。

第三步，计算总数，把数据填进去。比如，影响客户的满意程度是有哪几项要素，每一项要素有什么样的数据，有了具体数据就开始画图。

第四步，开始画柏拉图的坐标，有横坐标和纵坐标。横坐标上是各项影响因素，如因素一、因素二、因素三、因素四、因素五；纵坐标是各项因素对结果影响的百分比，从 10% 到 50%、80%，最高的是 100%。

第五步，画出各项因素的比例累计曲线图。按照一号因素的纵坐标和横坐标画出柱状，在其右上角方向，再把二号因素的柱状叠加上去，顺着右侧斜角方向进行叠加。从一号因素依次叠加到第五号因素，把每一项因素累计柱状的右上方的点标示出来，然后把这些点连成一条平滑曲线，就能画出累计的柏拉图。

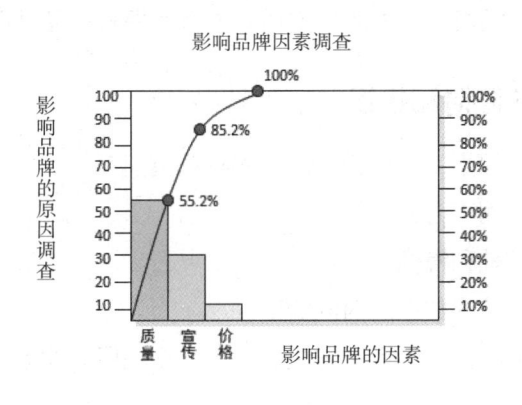

图 11-1 柏拉图示例

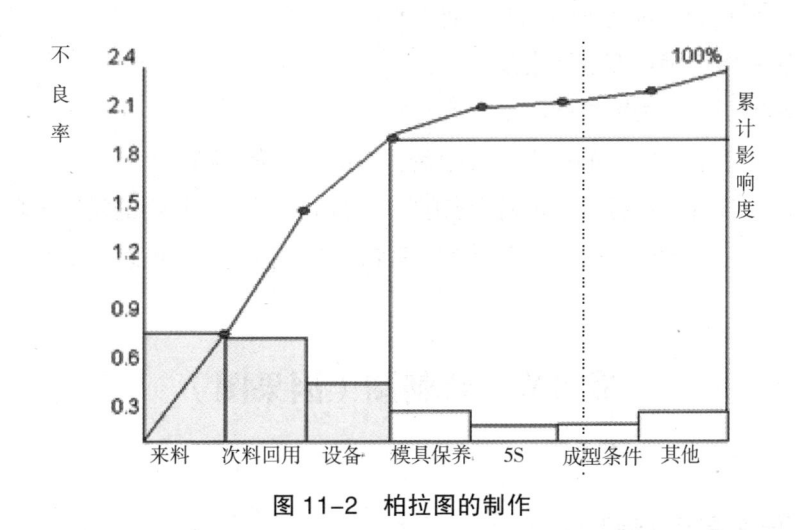

图 11-2 柏拉图的制作

例如，员工不满意调查的柏拉图。第一个因素是与他人的关系，占比 48%，第二个因素是愉快的工作环境，占比28%，叠加到76%，第三个因素是学习和成长的机会，占比12%，叠加到88%，再加上其他的次要因素，这样加上的图例就形成了一个柏拉图。

又如，影响产品不良率的主要影响因素。第一个是来料，第二个是次料回用，第三个是设备。另外，还有模具保养、5S、成型条件等影响因素。其中，前三个要素导致产品的不良率累计达到了83%，如模具保养、5S、成型条件等累计只有17%。由此可见，导致产品不良率的最根本、最重要的因素就是来料、次料回用、设备，所以我们需要针对这三个因素加以整改，这样才能有效提升产品品质，降低不良率。

四、需要避免的陷阱和错误

在柏拉图的使用过程中，应该避免以下陷阱和错误：

第一，柏拉图的比例不合适。

第二，没有标注纵轴和横轴。

第三，没有报告柏拉图数据的时间跨度。

以上所述是柏拉图制作和运用的方法，后来发现在所有原因当中寻找最关键性的原因通常需要配合鱼刺图来加以使用。

有一个小的作业需要完成，可以用柏拉图分析。

（1）阻碍我们团队精神形成的主要因素是什么？

（2）影响客户满意度的因素是什么？

（3）影响员工流失的主要因素有哪些？

（4）家庭生活当中影响夫妻双方和谐、幸福的因素有哪些？

大家课后分析这些看看，也是蛮有趣的。柏拉图是一个常用的管理工具，常常需要与鱼刺图一起配合起来使用。那什么叫鱼刺图呢？鱼刺图应该怎么用？

第四节　鱼刺图（因果图）

一、什么是鱼刺图

职场人在理性、逻辑性和分层次地分析问题原因的时候，最常用的管理工具就是鱼刺图，也叫因果图。因其形状如鱼刺，所以叫鱼刺图。还因为其呈现出了因果关系，所以也叫因果图。如果把鱼刺图转动为垂直方向，又可以称其为树形图。所以，这个工具在管理界的叫法还蛮多的，如鱼刺图、鱼骨图、因果图、要因图、树形图，这实际上是在说一个工具。

什么是鱼刺图呢？它是一种明确结果（特性）与原因（要因）间关系的图，即表达造成该结果（正面或者负面）的所有类别原因的展示图，如图11-3所示。鱼刺图展示了每一个潜在的原因、各种原因和结果之间的一种潜在关系，而且它是分层次的：第一层、第二层、第三层。鱼刺图要求建立导致该问题结果的各种原因之间的层次和分支。因为这个图画起来像鱼刺，所以称它为鱼刺图或鱼骨图。

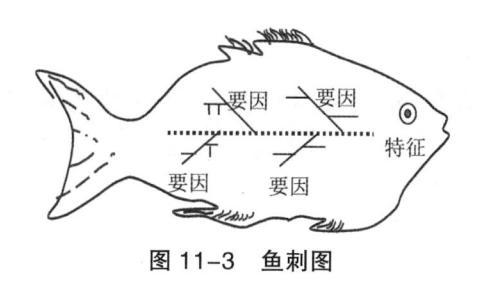

图 11-3　鱼刺图

二、鱼刺图的作用

鱼刺图可以通过系统地识别和消除一个问题的"根本原因"，使我们预防该问题的再次发生。鱼刺图的基本作用如下：

第一，识别潜在的导致问题和结果的所有的原因。

第二，有可能会展示、显示或寻找出问题的潜在原因。

第三，把后续改进和改善的努力集中在那些导致问题发生的关键原因和重要原因上。

第四，把数据搜集的时间和精力集中在最有可能的原因上。

第五，客观地解释导致问题发生的原因到底是什么。

三、鱼刺图的运用场景

鱼刺图最早是由日本管理大师石川馨所提出的一个方法，所以在日本又被称为石川法。鱼刺图的运用场景可以分为两个类型：原因追求型和对策处理型。通常在两种场合、两种情景下运用，作用也不同。第一种是找原因，即导致这个问题结果的发生带有什么样的原因。第二种是找答案，即如何解决这样一个问题，可能有各种各样的解决方法，可以从第一类、第一层次到第二层次、第三层次等找出很多种方法，然后把所有的方法进行梳理、筛选，得出哪些方法是可行的，最后做一个决定。

四、鱼刺图运用实例

举一个例子：是什么导致了我们对客户要求的不理解？对客户的需求不理解会有哪些方面呢？我们先划一个大鱼刺，然后把这个问题写在鱼嘴这里，即对客户要求的不理解。接着，分析第一个层级有哪些原因。比如，有信息的问题、方法的问题、文化/环境的问题、人的问题、管理的问题和评估的问题（图11-4）。再一步一步分析下去。

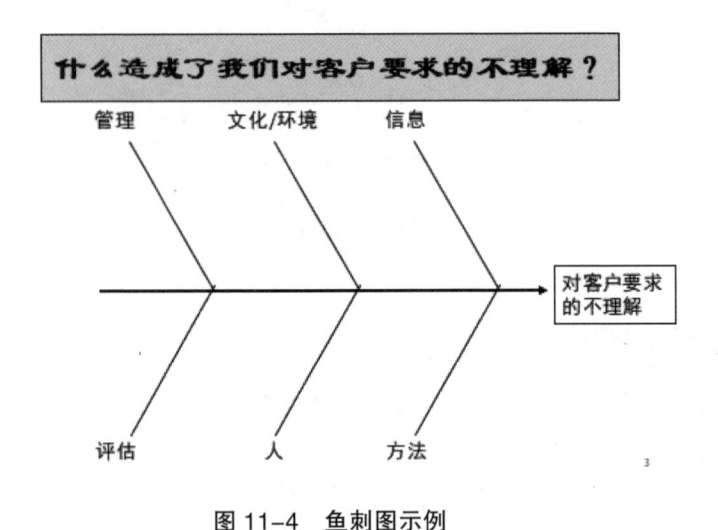

图11-4　鱼刺图示例

制造型企业常常关心的问题是影响生产管理的因素。影响生产管理的因素有人、机、料、法、环，即人员、机器设备、物料原料、工艺技术方法和外在环境，这些是第一层次。在第一层次的五大因素基础上可以进行第二层次的分解，例如"人"的因素在第二级鱼刺里面又分为两大类的原因，一是意愿，二是技能。还可以进行第三层次的分解，如在"意愿"的导致原因里也有很多小因子，可以一项一项列出来，如在"技能"方面也有很多导致的小原因。就是这样一层一层、一级一级地往下分解，直到无法分解为止，找出所有导致此结果的原因和因素，这就是因果图（鱼刺图）的基本原理。

五、双因子二元法

在分解时，通常我们会把所有的因素以两大类上下部分的方式分开，这称为双因子二元法。例如，可控和不可控，把可控的一类写在上半部分，把不可控的一类写在下半部分。又如，客观与非客观，把客观的因素写在上半部分，把非客观的因素写在下半部分。再如，关键与非关键，把关键因素写在上半部分，把非关键因素写在下半部分。

在一个鱼刺图里面可以分析出哪些是主观、客观的，哪些是可控、不可控的，哪些是目前有能力调节的，哪些是目前没有能力调节的。这样，通过双因子二元法，就把整个鱼刺图里面所有的原因或者解决策略方案进行了过滤、筛选。例如，不可控的因素，下一步制定应对策略时就可以把它们删除，留下可控的因素。

在鱼刺图里可以把某一类因子做个标识，以方便后续分析。比如，在所有可控的因素下面画个杠，或用其他颜色标识出来。又如，将目前具备条件的、可以去调节的因素找出来，并做标识。外部环境的因素、法律法规的因素、国际贸易的因素、国家政策的因素、客户要求的因素等大多不在人们的可控范围之内，要标识出来。在可控范围内的因素有目前的成本预算还不够、技术需要更新、目前还没有达到、可以加以改善的，通过鱼刺图的双因子二元法就可以很好地找出来。

六、制作鱼刺图的步骤

第一步，在大鱼刺的主箭头最右面方框里面把结果和问题画在框框里面。

第二步，定义原因的分类，即"鱼骨"，然后把第一层鱼刺画出来。比如，影响生产管理的因素有哪些？有人、材料、机器设备、工艺方法、外部环境等，在第一层级里面把这些原因画出来。

第三步，写出一系列可能的原因、导致结果的可能原因。例如，导致机器停工的原因有哪些？有机器设备、工艺技术方法、物料和人的因素。建议按照每一个类别的因素，再细化寻找所有可能的原因，把这些原因、因素画成小鱼刺，然后把每一个小鱼刺进行细化。

（1）作为一个团队，要决定使用哪一种产生主意的方法，大多数团队通过头脑风暴会讨论决定。

（2）作为一个团队，要决定找出问题所有的原因，在讨论下一个"鱼骨"前，先集中在当前的"鱼骨"上。

（3）根据团队成员正在分析产生问题的原因而不是解决问题的答案，通常要在图的上面直接写出头脑风暴的问题。

（4）回顾使用头脑风暴会的基本规则。

（5）画出所有的小鱼刺。

七、鱼刺图应该避免的陷阱

第一，试图通过主观的列表、消除等方法来辨别"根本原因"，可能做不到。

第二，不通过资料收集和实验来辨别"根本原因"，但主观评判肯定不准确。

第三，没有系统地串联使用鱼刺图和柏拉图来分析"根本原因"，即应该把鱼刺图和柏拉图巧妙地结合起来使用。

第四，假设每一个原因都必须有多个预先定义的分项和鱼骨，其实不一定，有些能够无限地分下去，有些则不一定。

第五，横向与纵向的层次之间逻辑混乱、条理和层次交叉。比如，第三层的因素实际上应该是在第一层，第一层的结果却画到第三层上了。这些可能会导致条理不清晰。

有一个小的练习，请大家课后来进行操练。请用鱼刺图对加班费用的问题原因来做分析。

该问题的第一层鱼刺是什么？可能会有人员、设备、材料、程序和其他。第二层，人员方面会有哪些？可能会有动力意愿不足、能力不够、人手不够等。第三层，在动力意愿不足里面又有可能分为管理不善、想拿加班费、虚报工时、不想做的这么快。这样，一层一层地画下去，画完所有的原因以后，再按照可控、不可控等，成本、条件等，是客观因素还是主观因素等，用红颜色的笔圈出那些我们认为比较关键或者主要的原因（图11-5）。之后，调查研究和收集数据，用柏拉图分析关键原因，这样用两个图加以配合使用，就能比较容易地找出关键原因，从而采取相应的行动对策，很好地解决问题。

第十一章　职场常用的管理工具

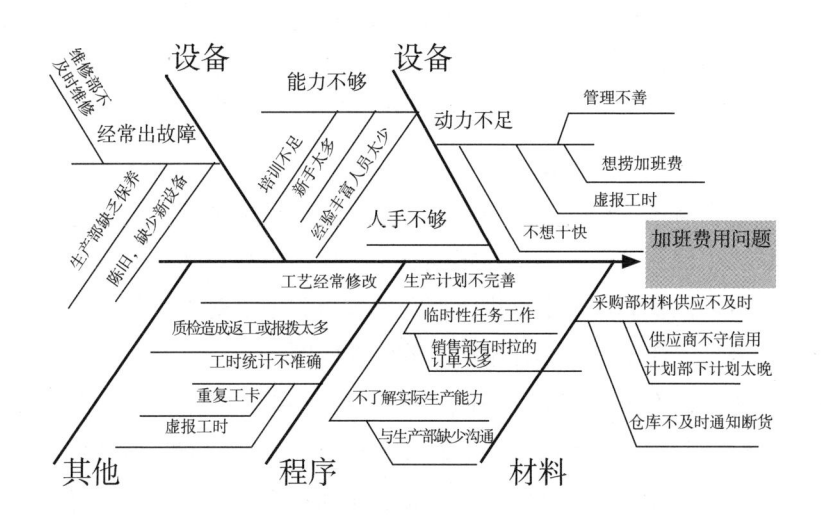

图 11-5　鱼刺图（加班费范例）

第五节　甘特图

一、甘特图的起源

职场人在目标计划方面常用的管理工具是甘特图。说起"甘特图"，很多人都觉得不太熟悉，那"甘特图"是个什么呢？其实，大家常常能见到甘特图，甘特图就是带有时间线段的工作计划表，也叫项目进度表。大家到建筑工程或者基建项目的现场指挥办公室看一看，里面一定会贴一张进度图或进度表，那个图表工具就叫甘特图。

甘特图是20世纪亨利·甘特（图11-6）所提出的一个图表系统法，所以他的名字来命名。甘特图的运用被认为是管理工作的一场革命，很多社会历史学家认为20世纪比较重要的一项社会发明就是甘特图。

二、甘特图的含义和特点

什么叫甘特图？甘特图是20世纪初亨利·甘特所发

图 11-6　亨利·甘特

151

明的一项工具，它基本是一个双坐标的线条图，坐标的横轴表示时间的长度，纵轴表示各项活动、工作任务或者项目，线条就表示该工作任务在这个时间段上的完成进度对照（实际达成与当初计划）。做计划的时候，在该任务项目上先标上时间段的虚线，实际进展就用实线来标识，看看计划有没有被拖延、被延后，是否按期完成。

甘特图有什么特点？第一，就是表明工作计划里各个事件、各项工作任务之间在时间上的关联性和相互关系。第二，它强调了工作任务在时间、成本在计划和控制里面的重要性。所以，我们往往很重视工作任务本身，但是对工作任务的进度和时间性把控可能被忽略了，造成了后续结果达成的延期问题。

甘特图对控制工作进度和项目进度可以达到一目了然的效果，可以用实际进度和计划进度进行随时对比、实时掌握。职场人一看甘特图就非常清楚哪一项工作任务或者工作项目还剩哪些部分没有做，目前走到了哪一步。可以说，甘特图是控制和管理工作任务一个非常好的工具。甘特图把工作计划和进度达成显示得一目了然。这种方式比职场人过去使用的写文章、写计划、写总结更清楚、量化、可追踪，也比传统的表格工具更有优越性，传统表格里没有把时间轴拉得这么长、这么完整，常常是用周、月或季度把时间进行分割，缺少时间上和追踪上的连续性，出现了新的问题、发生工作中断或者其他热点就会转移职场人的注意力和焦点，容易导致某项工作任务的虎头蛇尾或不了了之。

甘特图是一个很伟大的进步，它体现了一个既简单又基本的控制原理。从计划当中选择关键性的内容进行密切关注，而且立即关注它的时间进度和最后的期限。如果是一个时间跨度比较长的大项目该怎么办？一个大项目就应该主要关注中间分阶段的里程碑计划。比如，一个大的项目可能跨度一年或两年，那它在本月、每一个月里面应该做什么、达成哪些具体的里程碑和工作清单就要清楚地列出来。所以，专题项目、基建工程、大型工程项目或者短时间内不能够完成的工作任务、工作时间跨度相对比较长的任务项目等通常都会需要用到甘特图。

三、甘特图的具体展示

甘特图的具体展示是怎样的呢？如图11-7所示，横轴是时间轴（1月、2月、3月、4月、5月、6月、7月、8月），纵轴上是工作任务项目（a项目、b项目、c项目、d项目、e项目）。不同项目的时间进度计划是不同的，如a项目从1月到5月中旬，b项目从1月大约到3月底，c项目从3月底开始一直到7月底，d项目也会有个时间段，e项目可能从1月底要干到8月初。

当然，时间轴方面还可以更细化。图 11-7 中的横轴是月份，也可以细化为周或天，第几周或者是周一、周二等。如果是月计划，假设是某一个月份的 1 号到 31 号。A 工作任务是从几号做到几号，如从 5 号干到 13 号。B 任务是从 15 号干到 28 号，把线段用虚线连起来，然后逐步来做追踪，完成了就画成实线或者换另一种颜色的线条。这是最常见的一种甘特图方式，甘特图。

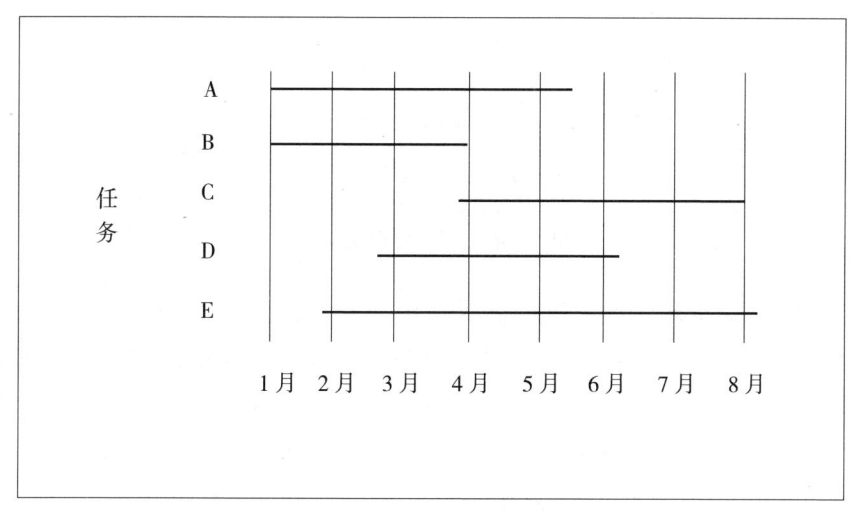

图 11-7　甘特图范例

四、甘特图的案例

下面列举一些案例加以说明。比如图书出版甘特图（图 11-8）：横坐标上有 1 月、2 月、3 月、4 月，纵坐标上是图书出版做的具体工作，如编辑加工、设计版式、制图、打印校样、印刷校样、设计封面等。编辑加工是 1 月份的工作，设计版式是从 1 月中旬到 2 月底，制图是从 1 月中旬到 2 月底，打印校样从 2 月初到 3 月底，印刷校样从 4 月初到 4 月中旬，设计封面从 3 月初到 3 月中旬。每一项工作任务的时间档期是不一样的，需要做整体协调和配合。

```
编辑加工  ────
设计版式      ──
制图          ─
打印校样       ─
印刷校样           ─
设计加工         ─
          1月 2月 3月 4月
```

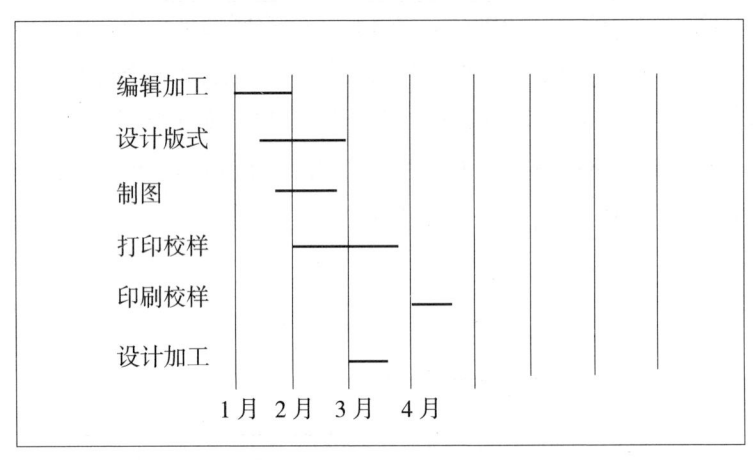

图 11-8　图书出版甘特图

在项目管理里面有一个关于时间控制的重要概念，就是"关键路径"。我们必须搞清楚关键路径，也就是第一项工作完成了之后才可以开始做第二项，第二项工作完成了以后才可以做第三项，彼此之间的时间衔接是刚性的、没有回旋余地，这一条时间路径在管理学上就叫"关键路径"。如果关键路径上的某个重点项目被延期、延后，就意味着整个工作项目的时间会被整体拖延。所以，在项目管理里面也需要把关键性的工作任务用不同颜色加以图标，加以重点关注，否则会影响整体项目的达成期限。

五、甘特图的变形和运用

甘特图的运用非常广泛，常常有不少变形运用。甘特图的变形多种多样，如纵轴上不再列出工作项目、活动或任务，有可能会列出人名、部门团队或其他元素。如图 11-9 所示，A 出版公司 6 位责任编辑的工作负荷图，横坐标上标着月份（1月、2月、3月、4月、5月、6月、7月、8月），纵坐标上列的是不同人（责任编辑）的名字（安妮、利萨、吉姆、肯特、富兰克）。甘特图的变形可以显示每个人的工作负荷，如手上接了几个活，具体有多少工作量，几月份到几月份具体在干什么项目，这些都能够非常清楚地显示出来。从图 11-9 的显示来看，利萨和莫里哀的工作量最大，其次是富兰克，然后是吉姆、安妮，肯特的工作量最小。

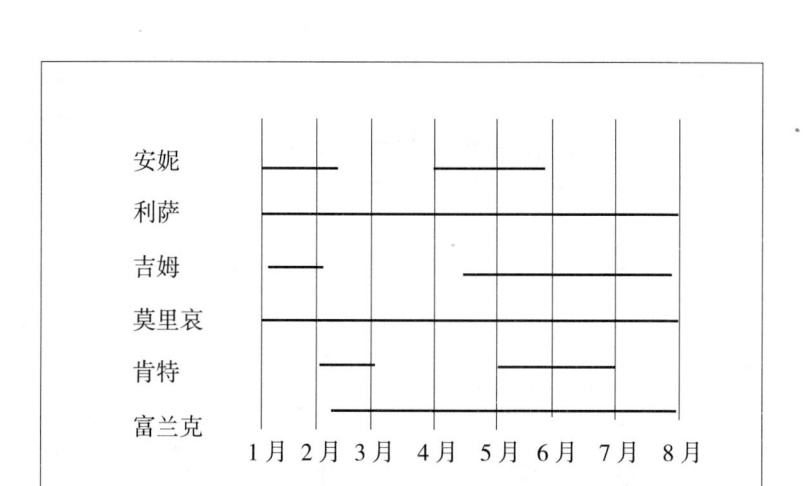

图 11-9　A 出版公司 6 位责任编辑的工作负荷图

甘特图还有一种融合工作计划表的变形图，把工作计划与甘特图来加以整合，最常见的就叫行动计划表（表 11-1）。

表 11-1 行动计划表

问题点：为何销货退回与折让偏高																目标设定：每月销货退回笔数下降 50%	
行动计划期间：2020 年 7 月 1 日 到 2020 年 10 月 31 日																	
月份 周别 决策事项	7					8					9				10		负责人	成本
	1	2	3	4	5	6	7	8	9	10	11	12	13	14	15	16		
编写操作手册及在职训练	○																财务部	
以市场调查了解原因	○	○	○	○	○	○	○	○									业务部	
以计算机输入取代手填	○	○	○			○	○										信息部	
以计算机输入并打印	○	○					○										信息部	
重新考量经销商									○	○	○	○					业务部	
专人执行征信调查	○	○	○	○									○	○	○		财务部	
与客户沟通	○	○														○	业务部	

举例说明行动计划表，它的问题点是为何销货退回与折让比较偏高。我们的目标是每月销货退回的笔数要下降40%。看一下该计划行动的期限，如从2020年7月1号到10月31号。横坐标有月份和周别，每个月分为第一周、第二周、第三周、第四周，右侧是负责人和成本，左侧是工作事项和决策事项。每一个事项要做哪几个工作任务用虚线标出来。在实际执行的时候，进度到哪里就划实线到哪里，保持实时跟进和追踪。看看虚线部分所计划的时间段，实线有没有同步跟进？有没有按时完成？看看不同的部门、不同的岗位、不同的员工应该要按期完成的以及按进度完成的工作都完成了没有？到底情形怎么样？所以，把甘特图和目标计划表加以结合，就叫行动计划表。这实际上也是管理工作当中比较常用的甘特图综合运用。

针对某一个管理问题，我们会分析很多的原因，并针对关键原因采取应对策略，想出了很多的点子和解决方案。对这些解决方案如何加以优选？没有最好的解决方案，只有最适合的解决方案，这些优选解决方案应该怎么选呢？接下来介绍的就是决策优选的工具和方法。

第六节　决策优选方法

一、决策优选工具的运用场景

解决问题的途径和方法并不是只有一种，而是有多种方案的选择。管理的重要法则是解决管理问题并没有唯一正确的标准答案，只有当下比较合适的选择。职场人在面对众多方案进行选择决策时，比较常用且有效的管理工具就是决策优选工具。在很多的方法和方案中会不会手足无措、无从选择？应该如何进行决策、判断和选择？如何在多种方案中好中选优？这类决策优选的管理工具不太常见，很多职场人都不太了解。但实际上，决策优选工具很实用，也很重要。

分析解决问题的流程中，到达寻找问题的关键因素阶段，针对某些关键因素和重要原因（要因），通过头脑风暴会可以找出很多的解决方法。当然，头脑风暴会是先做加法，再做减法，一直减到最后，大概有8~10可以选择的解决方案。这些解决方案选择哪个比较好呢？完全凭感觉肯定是不行的，还需要做理性的分析和判断。

其实，在解决问题的流程初期运用鱼刺图、柏拉图分析关键原因时，也需要运用决策优选的工具对众多原因进行筛选和验证。众多的原因中哪些是关键性原因，我们所认为的关键原因是不是"真正"的关键原因？如果只是主观上的认为和判断，不一定是理性的和逻辑的分析，恐怕很难有说服力。所以，还需要运用决策优选工具进行验证。

二、两大类决策优选工具

决策优选的工具可以分为两大类：因素法、德尔菲法。

（一）因素法

首先来看看因素法。我们来看这一张表图，决策优选的因素法1。

表 11-2　决策优选的因素法 1

评价因素 权重 程度 可能问题	严重性	影响性	所有权	困难性	紧急性	合计	百分比	优先顺序
分数高 ↑ 分数低	大 ↑ 小	长 ↑ 短	个人 ↓ 国家	容易 ↓ 困难	急 ↑ 不急			

符号说明：◎强（9分）；○中（5分）；△弱（1分）；—无（0分）

在表 11-2 中，最左侧可能的问题是什么？我们把可能的问题列出来，然后按照它的评价因素程度来列出对应分数。符号和程度说明，强就是 9 分，中就是 5 分，弱就是 1 分，无就是 0 分。我们可以直接在上面写分数，也可以标上符号、记号。采用因素法列出它的影响因素和评价指标来加以评分。比如，对这个问题的严重性、影响性、所有权、困难性、紧急性等分别进行评价、给分。

（1）严重性。严重性越大，箭头越往上，分数越高，给 9 分；严重性越小，分数越低，是零或者是一。

（2）影响性。影响性越大，分数越高。影响的时间越长久，则分数越高；时间越短，则分数越低。

（3）所有权。所有权越往上，所有权越是国家层面的，分数越高；所有权越是个人的，分数越小。因为所有权是个人的，比较容易做交易。如果所有权是国家层面的，涉及的方方面面可能就会比较多。

（4）困难性。越困难的分数越高，越容易的分数越低。

（5）紧急性。越着急、越紧急的分数越高，不紧急的、暂缓的分数越低。

按照评价规则，高分9分、中分5分、低分1分，甚至是0分，这样，对所有的原因选项来加以评价、确定分数，然后汇总各因素的分数，加起来的分数进行合并，得出总分，最后依据分数高低进行优先顺序排序。排出来的顺序靠前的就进入优选。所以，用各种影响因素按照高、中、低不同的评分进行评判的方法就叫因素法。

接着来看看决策优选的因素法2（表11-3）。

表11-3　决策优选的因素法2

								年　月　日
问题								
要因	可能方案/评估标准	A	B	C	D	E	评分	优先顺序
项次								
1								
2								
3								
4								
5								

1. 评估标准：A可行性、B影响度、C时效性、D风险性、E效益性。
2. 评分基准：H—9分，M—5分，L—1分，无—0分。

描述完问题和要因外，先把项次问题或解决方案列出来。主要原因或解决方案会有哪些呢？针对关键原因，我们找出多个可能的解决方案。针对这些方案，我们根据A、B、C、D、E五个方面的要素加以评分。其中，A是可行性，B是影响性，C是时效性，D是风险性，E是效益性。当然，有可能还会有其他要素，如预算、人才、社会影响效应等。

针对提出的可能方案做优选评价，假设有五个方面的评价指标：A 可行性，B 影响度，C 时效性，D 风险性，E 效益性等。按照评分标准加以评分，高等 H 是 9 分，中等 M 是 5 分，低等 L 是 1 分，无（没有）就是 0 分。依次评完了以后累加一下每个方案的总分数，按照得分多少排列优先顺序，可选择方案排序也就水落石出。

大家可以尝试运用一下这个决策优选工具。如果在你的实际工作中做决策和判断比较为难时，当你非常犹豫不决或难以取舍、无法选择哪种方案时，就可以运用这样的优选决策工具进行理性分析、好中选优。

（二）德尔菲法

第二种常用的决策优选方法叫德尔菲法，也叫专家法或投票法。为什么叫专家法？就是分别寻找一些业内比较资深的专家、权威、内行和专业人士，以一人一票的方式进行投票选举。要求是相互不见面、不讨论，独立发表个人意见和看法。所以，有时它也叫投票法或者选举法。

德尔菲法具体是怎么做的？表 11-4 所示为决策优选的德尔菲法。

表 11-4　决策优选的德尔菲法

关键要因：				
项次	待选方案	评分	总分	优先顺序
1				
2				
3				
4				
5				
6				
7				
8				

注：也可以作为管理问题的优先选择分析。

第一步，填写关键要因。我们所面对的管理问题，其关键原因是什么？

第二步，把我们准备要选择的手段或方案（8～10 个左右）列出来。

第三步，单独邀请每一位专家对列出的待选方案进行逐个评分或投票。假设邀请10个专家，他们之间应相互不见面，保持独立思考和判断。每位专家在8~10个待选方案里面，按顺序勾选出3个或5个方案，也可以多选，超过规定数量。

第四步，专家选完以后汇总每一项分数，最后计算每个待选方案的总分，最后按照总分排序，得出决策优选的结果。

还有一种比较常用的方式，就是排序法。例如，10位专家对待选的8个方案按照优先等级从1到8排顺序，排在第一位选择的就填8分，第二个选择的就是7分，第三个选择的就是6分，如此类推，第八个就是1分。这样，10位专家对8个可选方案进行排序，把每一个方案的得分累计起来，最后排出得分的前五名或前三名。这样，8个方案就变成了3~5个方案。这3~5个方案再进行优选，或者用刚才的因素法再进行佐证，就会比较容易得到很好的待选方案。

另外，有一种方式差异化更大，能把得分的差距拉得更大。例如，针对这8个待选方案，让10位专家只选择其中3个方案，并给这3个方案打高、中、低分。排在第一位的得9分，第二位的得5分，第三位的得1分，其他没有被选的就是0分。最后，累计出分数进行决策排序。

需要注意的是，决策优选时需要运用多种方法进行交叉验证。为了确保接近客观和准确，笔者建议把因素法和德尔菲法这两种方法结合起来使用，这样就可以相互验证或加以佐证，效果会更好。

我们要注意综合运用前面学习的多种工具和方法加以评估，这样才能从所有的原因里面选出最关键的原因，运用柏拉图和鱼刺图进行再次验证，从所有可供选择的答案和备选方案里面选择出最佳的、目前最适合的、最有效的方式和方法。如果运用多种方法得出的结论却完全不一样，那就要加倍小心了。要对整个思考和决策的流程进行重新梳理，找出可能会有偏差和漏洞的地方，采用多个方式进行交叉验证，以防止出现决策错误。

因素法和德尔菲法这两种决策优选工具是职场人进行决策优选时比较常用的工具。这两个工具比较实用、有效，大家可以回去试试看，效果非常好！

第十二章　问题分析与解决技巧

对于管理干部而言，在管理工作中有一项很重要的工作内容，那就是解决问题。假如管理工作中没有任何问题，只是给了你一切该有的资源，让你去达成一个很容易达成的目标，请问如何能够体现职场人、经理人的价值呢？例如，用100元去市场上买100元的货回来，这种简单的事情很容易达成，基本人人都能做到，根本体现不出采购部经理的价值。那么，什么样的才是合格的采购部经理呢？笔者认为应该是用100元买了超过100元价值的东西，或者是用不到100元买了价值100元的东西。总而言之，你给公司创造了更高的价值，所以你才能够享受那份比较高的薪水。经理是用来干什么的？应该是解决问题的。

请看一个管理情境：有一家生产制造企业，每当一批新员工培训上岗的时候经常会出现产品品质波动的现象，如品质下降、成本上升、不良率上升、交货期可能会延迟等，然后波动一个时期以后慢慢就会有所好转，达到正常水准。面对这种情况，职场人应该怎么办呢？

这样的问题普遍吗？很普遍。正常吗？有人说很正常。那你认为需不需要解决？很正常的问题需要解决吗？需要解决就说明它不是很正常的。在职场人的职责范围之内，职场人有职责将这样波动的幅度降低、波动的时间缩短，尽可能地在较短的时间内让这一批新员工适应新的工作环境，快速进入正常的生产状态。这就需要职场人对问题进行分析、评估，找出其中的原因尤其是关键原因，思考对应的解决策略和解决方案，进行优化选择最合适的解决方案。

第十二章 问题分析与解决技巧

第一节 解决问题的常见误区

一、常见的一些错误现象

在解决问题方面，职场人会出现一些常见的错误。

一是不能及时发现和觉察问题。即问题已经发生了，可能状况在不断地恶化，但由于问题并没有带有醒目的标志和特征，一直到它很严重的时候才被发现。

二是不敢面对问题。有问题发生了，就想着要掩饰、隐瞒，采取鸵鸟策略，或者找问题的替罪羊。

三是仓促、匆忙地行动。刚发现问题，还没有花时间去做思考和规划，就急急忙忙、匆匆采取行动。等出现偏差和错误之后再做改正，不仅会浪费时间，还可能会令问题恶化。

四是不敢做出决策，总是在拖延，总是迟疑不决，害怕做出错误的决策，害怕承担决策错误之后的责任。

二、解决问题的成熟度

解决问题的成熟度可以分为六个等级，第一级是最低、最差的，第六级是最高、最好的。第一级是没有能够及时发现已经存在的问题。第二级是发现了问题，但是自己感觉无力解决，又羞于汇报，任其发展、听之任之。第三级是发现了问题，并及时向上级进行汇报。这级员工属于基本合格。第四级，是胜任型员工，发现问题、汇报问题，并向上级提出自己的分析和建议。通常这种分析和建议是套餐，应该拿三个方案，所以第四级是胜任型员工。第五级属于比较优秀的，发现了问题，能够利用资源解决问题，而且解决的效果比较良好。如果能够自觉地去解决问题，就属于比较优秀的员工。第六级是发现问题，及时解决问题，并分析和记录问题，把解决方案记录下来，还进行了必要的改善行动，如对制度、规则、流程等进行必要的改善，以避免类似问题再发生。与此同时，把这些文件进行存档，变成知识管理，通知和训练所有人以后不要再犯类似问题。假如不可避免再出现类似的问题，按照什么流程去处理、去应对，也游刃有余。第六级的员工已经不是普通员工了，都是可以提拔为经理的。那么，企业内部有多少职场人和经理人是达到了解决问题的第六级成熟度的呢？如果没有达到，就说明问题分析解决的能力还比较欠缺，需要加强。

三、管理学意义上的"问题"

什么叫问题？问题就是差异和差距。这个高处是期望，这个低处是现实，希望和现实之间产生的差距就叫问题。一般情况下，问题可以分为两大类。一类是现在的，即目标要求高，但实际上你并没有达到标准，需要立刻消灭这个差距（解决问题）。这说明问题已经比较严重了，你连现有的目标和标准都没有达到。另一类是未来要面对的问题，是将来可能会发生的问题。你的现状是这样，但是未来的要求有变化，未来的要求跟你的现状之间产生了一些差距，这种差距就是问题，而且这种差距是必须克服和解决的，这就是管理学上的"问题"。

四、问题发生的四个阶段

问题发生的过程可以分为四个阶段。第一个阶段是预想到的，即问题还没有发生，我就预测到了，这叫未雨绸缪；第二阶段是感觉到了，闻到有焦煳的味道，我开始感觉到了；第三阶段是开始着火、冒烟了，问题已经找上门了；第四阶段是烈火熊熊，没办法了，赶快采取行动，去救火。面对问题，自己只能被迫去应对，被动跳进去。以问题发生的严重性和时间性为一个轴，第一种是预想到的，预先的、预防的、有提前做好预案设计的；第二种是感觉到的，问题刚刚开始发生；第三种是找上门来了，已经发现了问题，已经开始有不良结果呈现出来；第四种是事态非常严重，不得不去处理的。所以，提前觉察和发现问题很重要。

五、如何觉察问题

职场人如何做到提前觉察问题呢？笔者认为需要做到以下几点：一是聚焦于工作目标；二是及时检查工作进度；三是经常反省、总结和纠偏；四是保持经常性的走动管理，即深入基层；五是克服熟视无睹的不良习惯。

在5S管理里面，是不是会有一个对照的样板呢？比如，小孩收拾房间，什么样才叫整齐和干净呢？会议室的5S要求是什么样的，什么叫标准的摆放？我们可以摆放出各种样式，并把各种摆放的标准样式拍下来，将照片贴在房间进门的门框边，这叫标准要求。当检查5S工作时就按照这样的标准去进行工作检查。

当我们在进行工作规划的时候，就要学会预知和设想，即将来可能会有什么问题，可能会发生什么，并为此制定多套预防和应急的方案。职场人在计划、跟进、控制和监督检查的时候，要经常性地预警、觉察到问题的苗头和征兆，假设推断有可能发生哪些问题，或者根据过去的一些经验判断是否有问题发生。如果有问题了，也不要惊慌失措，要以积极面对的态度解决问题，而不是埋怨、指责或者推卸责任。

第二节　确认和描述问题

一、确认和描述问题常犯的错误

如果工作中有问题，我们应该如何去确认和描述这个问题呢？在确认和描述问题时，很多人犯了这个错误，即描述的问题比较模糊、笼统，而不是明确、具体和清晰的，这说明他不知道真正的问题是什么。

有这样一个笑话，有一个家的厨房失火了，燃起了熊熊烈火，家庭主妇就打119报警，119接线员问她："你们家哪里失火"？她说"我们家厨房失火了。"119接线员又问："你们家在哪里？"她说："我们家在小区里。"119接线员说："我是问我们怎么去你家？"她说："你们不是有消防车吗？"就这种对话沟通完全是牛唇不对马嘴，家庭主妇根本不知道如何向119接线员描述自己的家庭地址，119接线员的沟通技巧也有问题。

很多人描述问题时也会这样。有些人在描述感觉，而不是描述事实，或者在描述事实时忘记了描述的问题应该是可确定、数量化、有数据、可衡量的。他们常常做些主观臆断，讲自己的意见和主观看法，而不是客观事实。

描述问题常常犯的错误：第一，主题不明确，目标不具体；第二，讲理所当然大家都知道的；第三，是别人的过错，永远跟自己无关；第四，只讲原因，缺乏有效的对话和解决措施；第五，提出假如等，没有现实的根据，提出不可能达到的条件。

二、错误的问题描述方式

不正确、错误的问题描述有以下几种。

（1）用疑问句的方式描述，如这样好吗？这样可以吗？

（2）隐含解决方案，如只有增加预算，只有增加人员，只有多做广告，我们才能卖得掉。

（3）主观性的描述，如你就是不听我的，你早听我的就会怎么样。

（4）过于抽象模糊的描述。

165

（5）否定式的叙述，如我们做不到，我们不可能做到，这事绝对不可能的，还没有开始解决问题，就开始说这是做不到的。类似这些问题描述都是错误的。

举一个例子：某小学老师组成的划龙舟队伍参加比赛获得最后一名，不知道是不是赛前的练习不够（这里已经隐含了一些疑问的语气），缺乏默契，队员不听队长的口令（主观性的描述），彼此之间有心结（抽象，没有办法做观察和记录），还是他们根本就不想参加这项活动（否定句），表现得很失常，他们应该好好挑选队员（隐含解决方案）。以上这些问题描述都是错误的方式。

三、正确的问题描述方式

在实际管理工作当中，正确的问题描述方式有以下几种：一是对象明确；二是具体地说明人、事、时、地、物；三是可以观察的和验证的；四是有数据；五是能够明确表达不能接受的状态；六是什么样的环境、条件、事件或者行为等要数据化。

正确的问题描述需要按照三段式的描述：一是有主题；二是明确什么事？；三是什么程度。也就是，什么样的人在发生什么样的事？什么样的对象正在发生一个什么样的事情？现在到什么样的程度？然后分析它是怎么发生的。先把事物的结果状态准确地描述出来。

比如，最近客服部不太尽力。这样描述问题是错误的，正确的描述是顾客对客服部售后服务抱怨的件数，3月份比2月份多了五十件，这叫结果事实的描述，而不能笼统地说成，最近客户不太满意，这只叫症状（状态），不是问题描述。又如，最近客户服务部很不负责任。这是抱怨、指责，也不是正确的问题描述。

四、解决问题，而不是找责任、讲道理、论对错

很多职场人在分析解决问题的时候，连问题的描述都不能够做到位，还怎么谈后面的解决问题？遇到问题时常常相互指责和吵架，哪里能真正解决问题？很多公司遇到管理问题，召开各部门圆桌会议时，常常就在吵架，各位职场人相互指责、相互推卸责任，哪里是在有效地解决问题呢？所以，笔者认为要解决问题，而不是找责任、论对错、讲道理。

职场人坐在会议室里面是来干什么呢？我们是来解决问题的，而不是找责任人、论对错的。这个责任应该谁来承担，目前还没有关系，不应该先找责任人、论对错，而应该设法解决问题。

解决问题也不是在讲道理。我们要来解决问题，而不是来讲道理的。解决问题时

不要在那些细枝末节上过于纠结：到底谁要该负多少责任？到底谁对谁错？谁才更有道理？不要去为了所谓的面子，为了谁多承担责任，在会议室里面纠缠不清。很多公司遇到问题时在这里就停住了，没有再继续往下走，结果导致问题长时间解决不了。所以，我们要的是真正解决问题的方案，而不是其他东西。

当然，描述问题要有非常具体、清晰、明确的数据，而不是指责、抱怨和推卸，也不是讲道理、论对错、找责任。可是，常常见到很多的解决问题都是在讨论谁负责这个事情，谁负责那个事情，好像把责任人找出来，让他承担这个责任，这个问题就解决了。事实上，类似的问题很可能会再次发生。比如，有一年北京下大暴雨，在高速公路、立交桥的涵洞里有的车子被淹，造成了人员伤亡，请问有没有人对此负责任？要不要负责？当然需要！如果已经有人负责了，该问题有没有解决？下次再遇到类似怎么办？可见，要解决的是问题，不是聚焦于让谁来承担责任。仅承担责任是远远不够的，要把问题真正解决，防止下次再出现。当然，责任人是需要检查的，也是需要根据规则来加以处罚的，这也是惩戒的作用之一。

第三节　分析问题的原因

一、问题的分类

职场人解决问题之前需要分析问题的原因，并找到引起问题发生的真正的（不是假的）关键性（不是次要的）原因，这需要先对问题进行分类。

（一）按工作性质分类

按照工作性质，可以将问题分为实际运作的问题、人事关系的问题或者程序制度的问题。实际运作的问题就是具体工作执行过程中出现的偏差，需要计划、执行和控制直到达成目标，如果发现有偏差看看能不能做一些纠正和调整。人际人事关系的问题或程序制度的问题分两个方面：一是制度和流程方面；二是职场人的人际关系。其中，比较重要的是程序和制度性的问题。如果是程序和制度性方面有问题了，那就要十分慎重。制度的改革和完善，不能太着急，同时要把真正的原因搞清楚，最忌企业制度和领导的指令朝令夕改，改得太频繁、太复杂，反而可能会丧失原来改善旧制度的出发点。

（二）按时间性分类

按照时间性，可以将问题分为三大类：已经发生的（过去式）、正在发生的（现在式）和将来有可能会发生的（未来式）。①已经发生的，如某区域环境被严重污染；②正在发生的实际问题，如现在城市交通又堵塞了；③将来有可能会发生的问题，如在未来十年或二十年，农村可能会空洞化，农村的土地可能会荒漠化。

有些人口专家常常议论中国的人口政策。有人提出建议，应该早点全面放开三胎，甚至把计划生育改成人口优化或人口促进政策，从限制生育转向倡导生育。为什么？因为有人口专家预计按照现在的人口趋势，中国的人口红利在 2028 年就彻底结束开始走下滑路线，2028 年中国会到达人口数量的最高峰，然后开始每年递减。现在出生的小孩已经开始越来越少了，将来会更少。所以，要预测未来的老龄化社会可能是什么样的社会结构。如果到日本去看看，可以发现不少开出租车的都是五六十岁以上的老人。这个在中国目前好像很难看到。为什么老人家要就业？因为年轻的劳动力太少。但是，社会的服务性工作有很多，需要人来做，所以老龄化社会常常会出现老人就业现象，而且大多数老人相对缺少养老保障。这就需要我们不仅要针对已经发生的或者正在发生的问题，采取补救的措施，更重要的是针对未来有可能发生的问题，采取一定的预防措施或应急方案。

比如，中国的医疗应急机制方面就很值得表扬。因为 2003 年的 SARS 对社会造成了不良影响和经济损失，后来医疗部门就主动制定和采取了国家医疗卫生的应急方案，所以面对后来几年发生的禽流感、H1N1 病毒事件，中国社会没有遭受到重大损失。这是为什么呢？这是因为全国卫生医疗系统采取了未雨绸缪的预防措施。

（三）按数据型分类

按数据型，问题可以分为数量型的和非数量型的。①数据型的问题是可以计量，可以用数字进行记录、衡量。②非数据型的问题是一种感觉和直觉。发生问题后，我感觉到什么？着火了以后闻到味道，这属于感觉（嗅觉）；听到了声音，这也属于感觉（听觉）。是直觉则是第六感、灵感或者做梦。但是，职场人在做问题描述的时候，如果提供的都是非数据型、直觉的，恐怕就很难服众，尤其是在做问题确定和原因分析的时候。当然，非数据型的问题描述也可以作为一个备选的选项，提供另类的思路。

（四）按属性分类

分析问题之前，需要先把问题的属性、归属弄清楚。问题的属性可以分为人、事、时、地、物五大属性。比如人的属性，人的属性可以上下细分，地球上的生物里面有动物，动物里面有哺乳类动物，哺乳类动物里面有灵长类动物，灵长类动物里面可以细分为人和猴子，人可以分为男人和女人，还可以按照洲际、国家、城市进行细分，这样一步一步地往下细分，就叫属性分类。所以，把问题按照属性进行必要的细分或合并同类项有利于我们对问题进行分析和解决。

二、冰山分析法

分析问题有一个非常经典的方法，叫冰山分析法，即展示出来、露出来的外表部分永远是假象，其真实原因深藏在海平面下面的冰山深处，不要被假象轻易地欺骗。

例如，某公司销售员一年流失率达到80%。去年有80%的业务员都走了，是不是太高了？老板说这个是问题，这叫问题描述，而不是说怎么招不到人，业务员全都跑光了！这个叫发牢骚。正确的问题描述是：去年一年销售人员的流失率达到80%。这个数据怎么出来的？是由今年年初到年底能够留下的销售人员人数算出来的，是有数据可以衡量的。这是什么原因造成的呢？有人说，是挣的钱少、老板太抠门、不给钱，那老板为什么抠门、不给钱？因为公司业绩不好，业绩没有完成，导致公司不赚钱、没有利润，所以老板不可能发很多奖金给员工。当然，员工没有奖金、赚不到钱，自然而然就会辞职。

那为什么公司不赚钱？为什么销售业绩目标不能按时达成？因为大客户关系掌握不佳，没有抓住大客户，大客户流失了。为什么大客户关系掌握不佳？因为业务人员维护大客户、开发新客户积极性的不高。为什么维护大客户、开发新客户的积极性不够高？

业务员开发新客户、维护大客户的积极性不高，为什么？因为新老客户开发和维护的奖励机制缺失。开发新客户没有更多奖励，维护老客户也缺少奖惩机制。开发新客户应该有更多的奖励，维护老客户则应该是业务员的义务。假如老客户没有维护住，老客户的存量业绩丢了，公司要重罚。如果开发了新客户、新业务和新订单，公司就要重奖。在营销的薪酬体系里面，针对重复消费型的客户，就是每个月、每年都不断给你下订单的这种类型客户，如果是开发的全新客户，成交的第一年、第一单要加大奖励。第一单可以给50%的毛利，甚至给更高的毛利，这可以激励业务员努力开发新客户。当然，奖金要分几年或分阶段、分几次发给业务员。例如，包装行业，假设公司的毛利是40%（数字可以调整），那把首单的一半以上甚至80%的毛利都分给业务人员。例如，首单的毛利分60%给他，那就是营业额的32%。新客户第一年订单、第一笔的合同到账回款，按照营业额32%进行奖励，请问业务人员有没有拿新单的积极性？当然有。所以，要把老客户业务与新客户业务的提成分开。将新客户的第一年、第一单的提成比例跟后面的每个月、每年分开，这就叫奖惩激励机制。例子中描述的公司有这样的机制吗？没有，当然就会出问题了。所以，例子中描述的公司有解决问题需要分析问题的根本点在哪里，关键原因是什么，才能对症下药、药到病除。

三、五个为什么问题解析法

分析问题有一个五个为什么的问题解析法。例如，有一个人骑车摔了一跤，骨折了，下巴掉了。第一，为什么会摔跤？答案是因为车速太快。第二，为什么会车速太快？答案刹不住车。第三，为什么刹不住车？答案是刹车失灵。第四，为什么刹车会失灵？答案是闸皮架不动。第五，为什么闸皮架不动？答案是固定螺母掉了。连续问五个为什么，假如问题还没有得出答案，就继续往下问，一直问到最关键的原因是什么。

四、潜在问题的分析

其实，分析问题更高明的应该是潜在问题的分析，而不是分析已经发生的问题。面对未来有可能发生的问题，我们要提前进行分析预测。这是一种积极主动的态度，要能够未雨绸缪，利用我们过去曾经的经验教训，来防止重蹈覆辙，扩大思考领域，而不是头痛医头、脚痛医脚，积极参与到市场因素里面才是正确、积极的态度。

假设进入时光隧道，从未来时空的角度来看眼前的趋势发展，将来有可能会发生什么，预计20年、30年、50年甚至100年之后，环境会发生什么变化？透过超前的预见性，你就会知道当下应该做些什么。

例如，目前北京还可以继续这样放私家车牌照吗？现在北京已经拥有近600万辆私家车，每个月还在放2万辆私家车牌照，这样，一年就会增加24万辆私家车，四年就会增加96万辆私家车，八年就会增加192万辆，十六年就会增加384万辆。可以预见十六年左右，北京将拥有近1000万辆汽车。那么，到时交通状况会怎么样？按照现在这个趋势很容易就可以推算出来，所以为了后代子孙着想，就应该采取一些应对措施。这就叫时空性的可预测和可预计。

每一个制度和方案在颁布之前，都要先做兵棋推演，预测可能会出现的事情或问题。

领导的关键是能不能看到未来发展的后果，结果不等于后果。什么叫结果，结果是当下的、现在的。现在是好的，未必等于20年以后就一定会好；现在是正确的，20年以后再倒过来看可能还有很多的缺陷和问题。所以，我们能不能在解决这些问题的时候做出一揽子解决方案，而不是每天在补漏洞，就要学会做一揽子、预先全面的规划。

我举一个例子，当年新加坡与中国在苏州联合开发工业园区，很多土地已经被征迁了，甚至房屋都已经被拆了，可是还没有招商，这些征地就继续免费给原来的农户种庄稼，但是如果要实际建厂房就会提前一季度告诉农户，让农户做好收割准备。没有建设的土地免费给农民种地，农民为什么不种呢？不用交钱，而且已经给他们分好了拆迁房。更令人啧啧称奇的是所有的马路都是开的双车道，马路的边上还都长着乡亲的庄稼，所有的桥却都是八车道，八车道的桥边上又建了一个很宽的两三米的涵洞。很宽的涵洞做什么？电线、排水等全部都到位。这就叫"新加坡设计"，提前为以后该园区下一步发展做好所有的基础工作。我当时就很好奇，现在只通双向两车道，为什么桥都是八车道，而且中间有两车道的绿化，为什么？负责人，说如果以后人多了，汽车就会多，中间的绿化就可以增加两个车道。现在只是搞绿化，但是所有的桥都要做好超前设计。

五、潜在问题的提前设计

提前发现和预防潜在问题，具体步骤如下。

第一，制定作业目标和方案，即需要我们解决什么样的问题。

第二，拟定所需要的程序和步骤分析。

第三，明确哪些是最容易出现纰漏的环节和属性，把关键点、爆破点找出来，对关键环节要重点掌握、重点监督。

第四，针对这些重点环节、特定的潜在问题，有可能发生、经常发生或者很容易出问题的这些点，必须先明确指出发生个别问题的时间、地点和影响程度，再去思考应该采取哪些相应的应对措施。

第五，说明要采取什么样的预防行动，即预案和措施。

第六，提出一些应变的措施。假如预案无效，下一步应该怎么办？这就需要有应急的处理方案。

第七，整理结果，形成书面、一整套的资料存档，这样就形成了知识管理。针对可能发生的问题要采取预案，它是系统化、有文字的，甚至有视频的，这样，形成了体系化的方案系统，就能更好地预防和应对未来出现的问题，而不是头痛医头、脚痛医脚。

中医解决身体问题的策略和方法是整体的、辩证的，它讲究调理。西医却不是这样，它讲究对抗，属于对抗医学。比如，关于毒，西医讲杀毒、灭菌，中医则讲究"解毒"。武侠小说里面有人中了剧毒，要怎么办？找解药还是杀毒？中医对毒从来都是解的，不是杀的，对炎症也是慢慢地化解，讲究通过调理来恢复，这叫活血化瘀，通则不痛。但西医讲对抗、讲消杀。那么，杀完菌、灭完毒以后，有没有副作用？西医治疗常常会伴随很多副作用，但只要化解就没有太多问题。所以，更多的问题分析和解决最好采取化解的策略，不是让矛盾更激化而应该是更缓和，不是头病治好了，脚开始疼了，脚病治好了，胃开始痛了，那这样补漏洞补到何时呢？这就是解决问题的智慧——整体策略，要系统化、辩证性、策略性、全面地分析、解决管理问题。

六、问题解决的系统

管理问题分析与解决的系统有五方面的要求。
第一，找不到具体责任检查人不放过。
第二，找不到问题的真正原因不放过。
第三，找不到问题的关键原因不放过。
第四，找不到最佳的解决方案不放过。
第五，找不到不再发生的方法不放过。

解决问题的最高级状态是，找不到让将来不再发生此类问题的方法不要放过但有些事情是不可抗力的，如地震、海啸、气候变化，这些是不受人力控制的，应该怎么办？如果不可避免，就一定要有应急方案。

第四节　解决问题的流程与步骤

一、解决问题的六步骤

解决问题有几个步骤有不同的说法，比较经典的是解决问题六步骤：第一步，定义和描述问题；第二步，分析原因和锁定关键原因；第三步，根据关键原因，制定多种解决问题的方案；第四步，筛选和优选出比较合适的解决方案；第五步，根据该解决方案，拟定书面的行动步骤和计划方案；第六步，实施行动方案，并跟进评估和调整。

二、麦肯锡"七步成诗"

麦肯锡公司关于问题分析和解决有著名的七大步骤，称为"七步成诗"。

第一步，陈述问题。描述确认问题，对问题进行描述和界定。

第二步，分解问题。把问题先合并同类项，再分成细枝末叶。

第三步，剪枝，消除非关键性问题。把次要性的问题剪掉、放弃，只留下最关键的问题和原因。

第四步，制定方案。针对关键原因制定详细、有针对性的工作方案。

第五步，评估分析。针对关键的要素和方案落实执行情况，做一个综合评估和分析。

第六步，形成结论。综合解决问题的实际结果，建立有结构的结论。

第七步，整理文件。要求整理出一套有力度、比较成熟的程序化文件，如果以后碰到类似问题，可以依据这样经验化、程式化的行动步骤来解决。

管理学里面有个名词叫例外管理。什么叫例外管理？就是把每一次的意外事故都转变成下一次的例行行动。第一次发生这样的事属于意外事故、意外事件，但如果第二次再发生就不应该是意外了，因为我们早已设定好了相应的应急方案和预应方案，按照预应方案执行就可以了。

三、福特问题八步骤

福特公司认为解决问题有八大步骤。福特公司的八步骤如下：

第一步，问题界定。

第二步，问题分析。评估关键问题，并收集证据与设定改善目标。

第三步，原因分析。问题分析和原因分析是不一样的。问题分析是评估关键问题，区别大问题、小问题或者琐碎的问题，寻找出关键问题，搜集一些问题的数据。原因分析就是寻找造成这个问题的一些原因，尽量找到关键原因、主要原因。

第四步，对策拟定。根据关键原因，如何去应对和处理问题呢？针对要因（主要原因）运用手法拟定重要的应对策略。

第五步，对策分析。依据评估选择标准，比较各种可行方案，并做出评估决策。在对策拟定时，应该多一些可供选择的方案，所以解决问题必须有三种以上不同的方案，绝不能只有一个。我们要多种手法、多个角度和多个维度综合来施展对策。分析不同的对策，根据选择的各项标准或指标，比较各种可行的方案，评估不同的决策，最后决定决策用哪一个方案最合适，这就是优化决策的过程。

第六步，实施追踪。运用行动计划表落实和追踪行动进度（甘特图）。落实解决问题的方案以后，需要进行追踪跟进和实时监控。

第七步，效果确认。实地调查、统计数据，评估改善结果的有效性。

第八步，再发防止。效果确认以后需要形成标准化、模式化、防呆化的程序方案，防止类似问题下次再发生，达到举一反三的效果。以标准化、模式化、防呆化的流程方案形成一个程式化的文件，为以后再遇到类似的问题应该怎么处理提供一个有益的参考。

四、解决问题程序的检验表图

图 12-1 为解决问题程序的检验图，主要由现象到问题，再到分析原因，然后到拟定对策，最后到衡量、追踪及控制改善成效，是一脉相承的。

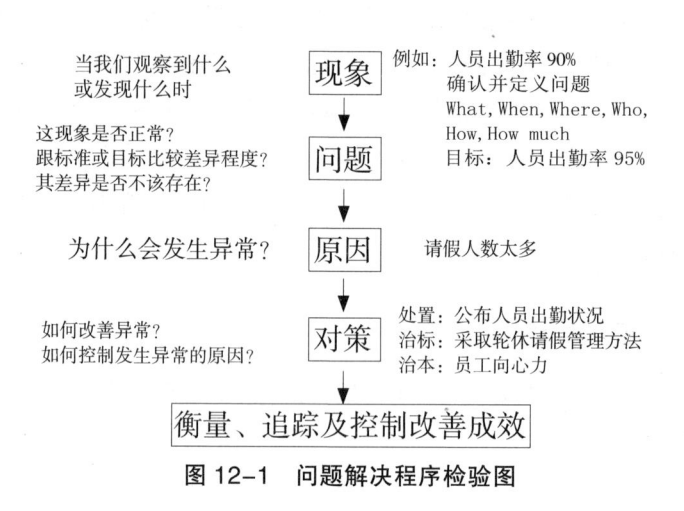

```
当我们观察到什么          现象        例如：人员出勤率 90%
或发现什么时                         确认并定义问题
                          ↓         What, When, Where, Who,
这现象是否正常？                     How, How much
跟标准或目标比较差异程度？ 问题
其差异是否不该存在？                 目标：人员出勤率 95%
                          ↓
为什么会发生异常？        原因        请假人数太多
                          ↓
如何改善异常？            对策        处置：公布人员出勤状况
如何控制发生异常的原因？             治标：采取轮休请假管理方法
                          ↓         治本：员工向心力
                   衡量、追踪及控制改善成效
```

图 12-1　问题解决程序检验图

五、解决问题的方法

下面汇总一下分析、解决问题需要用到的专业工具和方法。

（1）头脑风暴和脑力激荡，翻查一些档案记录，听听专家的意见，参加专业的讨论小组，汲取他人、前人或者历史的经验，多角度不断自我创新。

（2）鱼刺图。针对问题，按照层级、层次来分析原因，并找到关键原因。

（3）甘特图。甘特图是针对要完成的工作项目和工作事项，按照时间段来做一个工作进度分解。

（4）世界咖啡。头脑风暴会指有一堆人坐下来进行激烈讨论、头脑激荡，其中的一种变形叫世界咖啡，即不同行业、领域和技术背景的人坐在一起，关于一个问题从自身领域和专业角度进行异想天开的讨论，同时做好书面记录，引导大家爆发出思想火花，让大家一起群策群力。俗话说，智慧在民间。其实，很多问题的解决方案可能就存在于员工中间，就看领导能不能放下姿态、放下身段来侧耳恭听，听一听民间的声音，找寻问题的答案。

后记

职场的最大谎言："公司就是你的家！"

职场成长的内容谈了这么多，相信大家一定是收获满满！最后，我不得不说的就是公司不是你的家！因为职场不相信眼泪，需要我们不断地去奋斗、拼搏，持续成长。可是，职场里最大的谎言就是公司是你的家，大家都是一家人，相亲相爱的一家人！记住，不要被这种迷魂汤和正能量的心灵鸡汤搞晕了、翻了头，这些鸡汤可能都是人生毒药！那些鸡汤导师不排除可能有外表光鲜的骗子！

请记住：公司不是你的家，老板不是你爸妈！

这个世界上最值得无比信任的就是你的爸妈，其他人都是符合市场规则的价值交换，哪怕是男女恋爱、组合家庭也可能如此，先相互吸引，然后价值交换。职场是一个残酷的竞争大环境，符合达尔文的丛林法则，讲究物竞天择、优胜劣汰。员工与企业、组织之间就是价值交换，价值交换就是交易、买卖或协作、双赢。企业是商业机构，如果你有一天不能为企业创造价值（剩余价值），那么你被淘汰的日子就近了。

职场真相：你与公司之间最根本的关系其实就是利益关系，你应该是公司投资的机会，能够获得未来的收益；如果你只是公司的开支和费用，那么很快就会被削减。你必须是利润中心，绝不能是成本中心或费用中心，否则你很快会被抛弃。在职场上，不要指望完全依靠上司或同事，他们自己也需要生存，工作也非常忙，你只能靠你自己。员工应保持能力成长，拥有出色的才干、杰出的职业素养，这才是员工能在行业内立足的资本。

话已至此，是不是太冷酷、太无情、太现实？瑟瑟寒风，刺骨的冰冷！可是，这就是残酷的真实，你早晚有一天会领略到这些成长的伤痛！

请平衡好自我成长与创造企业价值，请平衡好事业与家庭和生活，请平衡好你的利益与精神荣誉或虚荣……

祝大家前程似锦，事业生活双丰收！如果遇到职场问题，再翻翻本书，看看是否能够提供一些启发，看到前程的灯火光亮。

狄振鹏

参考文献

[1] 张云，尹文虎，何跃，等.大学生进阶职场一本通，张云等 [M].北京：人民邮电出版社，2019.

[2] 肖斌.第一份工作 提升你的职场能力 [M].广州：广东经济出版社，2016.

[3] 安世全.职场关键能力 [M].北京：人民邮电出版社，2012.

[4] 童革.大学生职业核心能力训练 [M].北京：高等教育出版社，2016.

[5] 何玲霞.大学生职业综合素质实训 [M].北京：高等教育出版社，2012.

[6] 穆学君，李良敏.高职学生职业素质培养（第3版）[M].北京：高等教育出版社，2019.

[7] 何粤红，陈曦.大学生职业发展与就业指导 [M].北京：中国民航出版社，2013.

[8] 杨文清，郑莹.大学生职业发展与就业指导 [M].北京：首都师范大学出版社，2013.